드림
DREAM
직업북

안연지(안) 지음

북핀

안연지(안)

종이인형과 색칠공부를 좋아하는 키덜트로 순정만화 잡지 신인 공모전을 통해 순정만화가로 데뷔하였다.

다양한 패션 아이템을 좋아하지만 직접 꾸미는 것보다는 그림으로 나타내는 것을 좋아하는 타고난 일러스트레이터이다.

전작으로는 「세계의 소녀 종이인형」, 「소녀룩 패션코디 종이인형」, 「채봉감별곡 명작 컬러링북」, 「작은 아씨들 명작 컬러링북」,

「머스트해브 파티룩 패션 컬러링북」, 「스쿨룩 패션 종이인형」, 「말 잘하는 Girls의 바른 언어 습관」, 「프린세스 체인지」,

「여왕 패션 종이인형」, 「한복 패션 종이구관」, 「빨강머리 앤 종이구관」, 등 다양한 작품이 있으며,

밝고 예쁜 그림으로 많은 사랑을 받고 있다. 풋풋한 캐릭터들이 희망을 향해 나아가는 글과 그림을 그리고 싶다.

드림Dream 직업북

1판 1쇄 펴냄 2024년 8월 10일

지은이 안연지(안)
펴낸이 정현순
디자인 이용희
인 쇄 ㈜한산프린팅

펴낸곳 ㈜북핀
등 록 제2016-000041호(2016. 6. 3)
주 소 경기도 부천시 조마루로385번길 92
전 화 032-240-6110 / 팩스 02-6969-9737

ISBN 979-11-91443-25-7 13630
값 12,000원

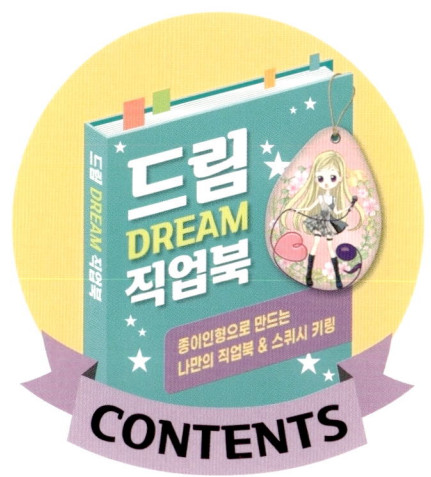

CONTENTS

이 책의 구성과 사용 방법

드림Dream 직업북은 종이인형을 이용하여 내가 직접 만들어보는 놀이북입니다.
직업카드와 배경에 예쁘게 의상을 입히고 꾸미면서 나만의 멋진 직업북을 만들어 보세요.

1
이 책의 구성

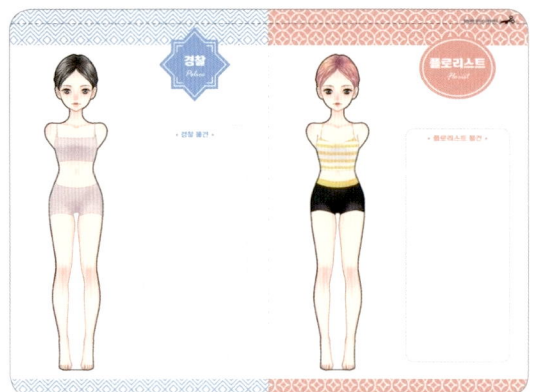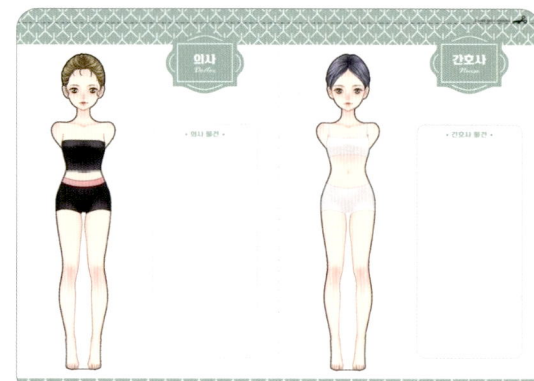

1) 직업카드 – 각각의 직업에 맞는 의상과 물건을 붙이면서 직업에 대해 알 수 있습니다.

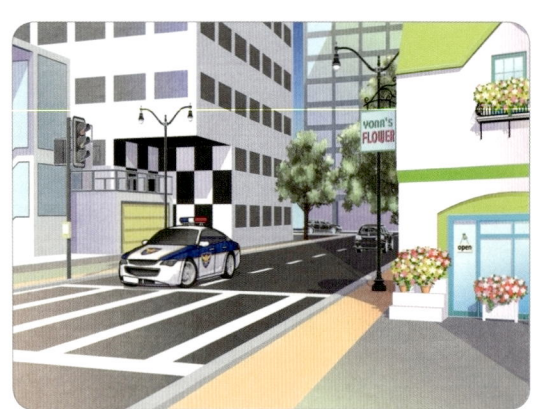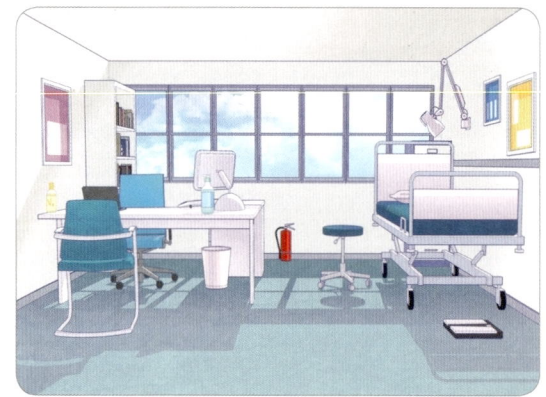

2) 배경 – 직업에 맞는 6장의 배경이 들어 있습니다. 각각의 배경에 의상을 입힌 인형을 붙입니다.

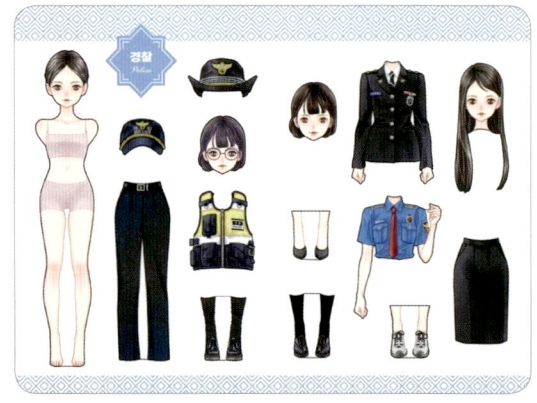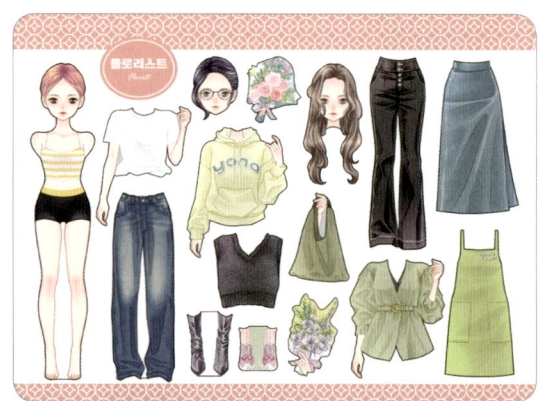

3) 종이인형 – 직업별 의상과 소품을 잘라서 인형에 옷을 입히고 배경에 붙이거나
따로 활용할 수 있습니다.

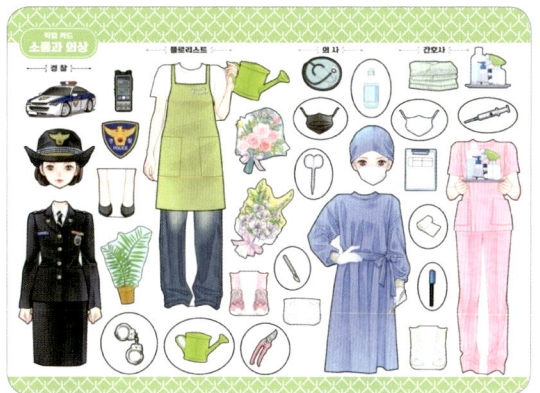
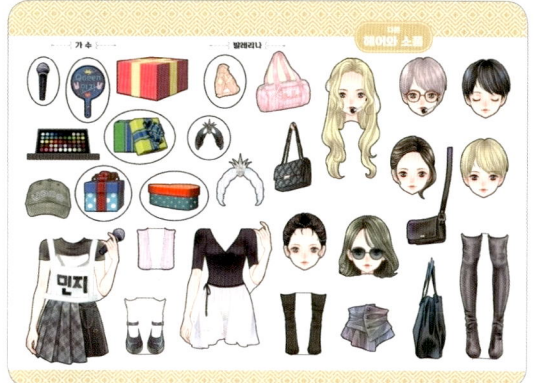

4) 소품과 의상 – 직업카드 소품과 의상을 오려서 직업카드를 꾸며 줍니다.
다른 헤어로 바꿀 수도 있습니다.

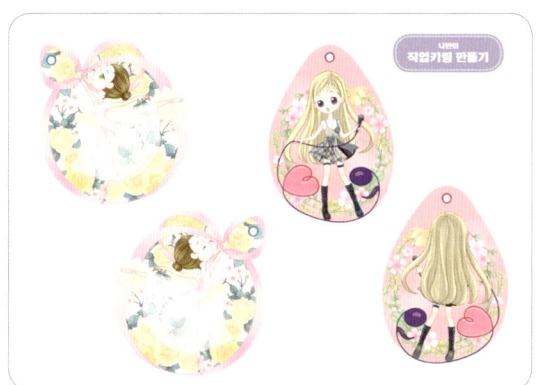
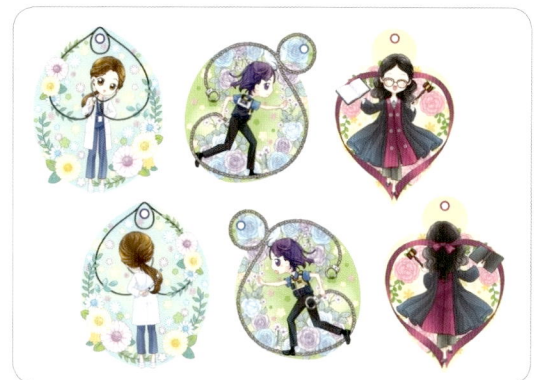

5) 스퀴시 키링 – 직업별 도안을 폭신폭신한 스퀴시 키링으로 활용합니다.

2

이 책의
사용 방법

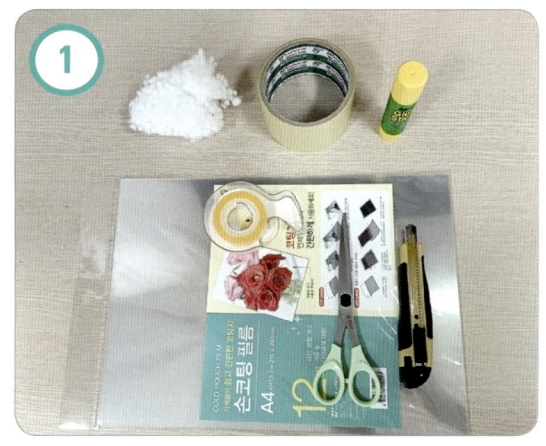

가위와 딱풀, 투명테이프, 솜, 손코팅필름 등
필요한 재료와 물건을 준비합니다.

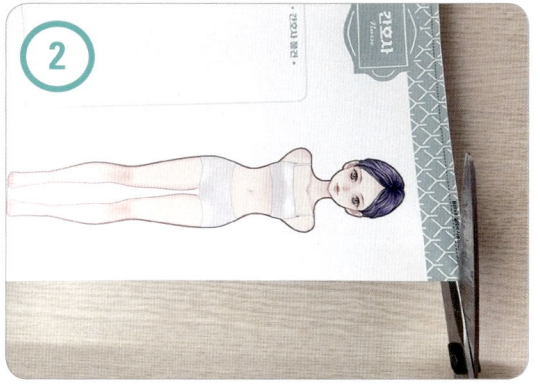
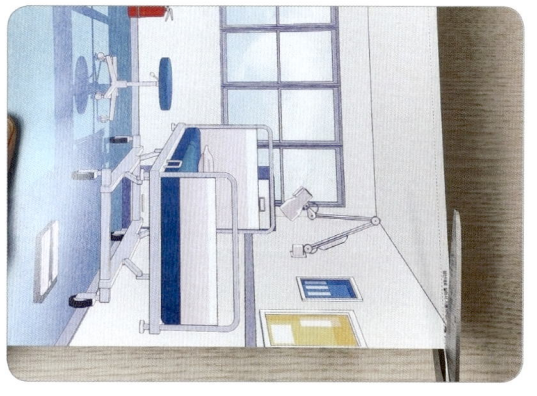

가위선을 참고하여 인형카드와 배경을 오립니다.

※ 검은 선을 위주로 잘라 주세요. 처음엔 크게 구분을 지어 자르고 끊어 가며 자르면 더 쉽게 자를 수 있습니다.

※ 종이인형과 키링은 투명 박스테이프나 손코팅필름으로 코팅 후 사용하면 더 깔끔하게 사용할 수 있습니다.

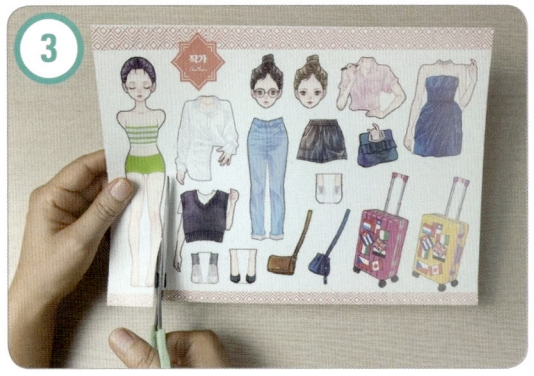
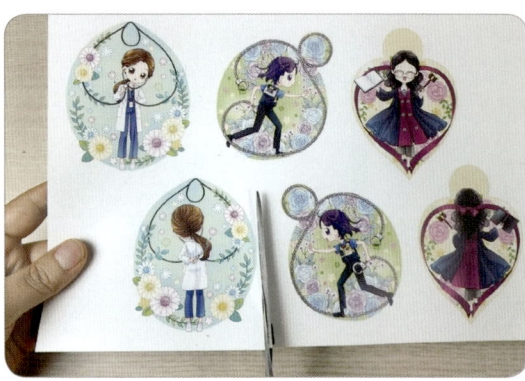

종이인형과 스퀴시퀴링을 손코팅필름을 이용하여 코팅한 후 오립니다.

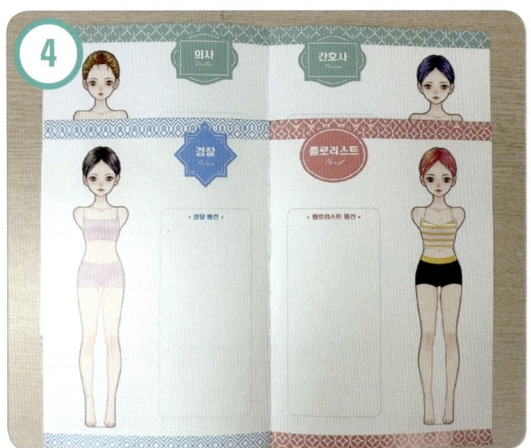
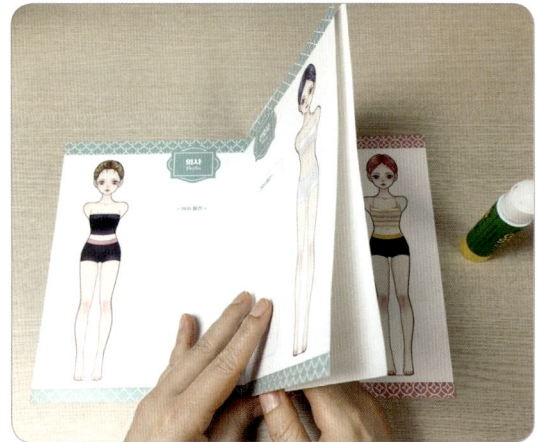

자른 인형카드를 반으로 접은 후 뒷면에 풀을 칠하고 다른 직업카드를 붙입니다.

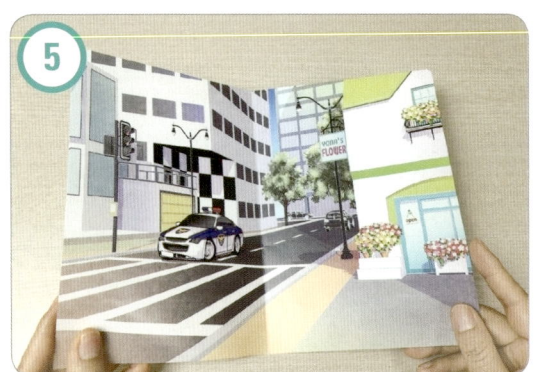
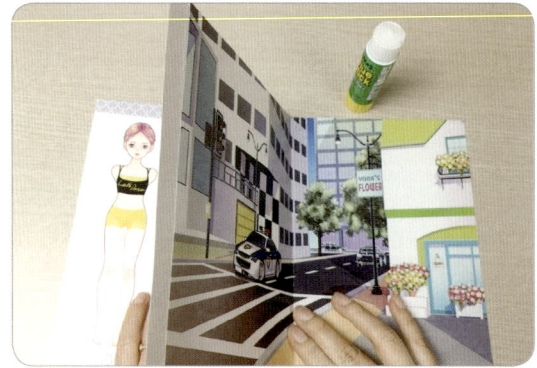

발레리나 직업카드까지 붙인 후에 거리 배경을 반으로 접어서 풀로 붙입니다.
각각의 배경을 이어서 붙여 줍니다.

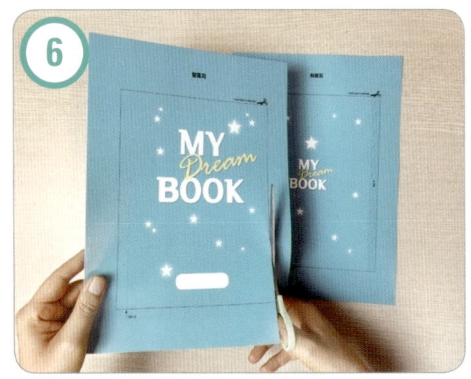
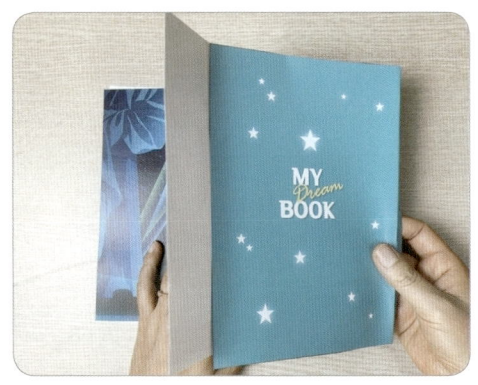

앞표지와 뒷표지를 오려서 점선대로 책등은 접어 두고 직업북 맨 앞장과 맨 뒷장에 붙입니다.

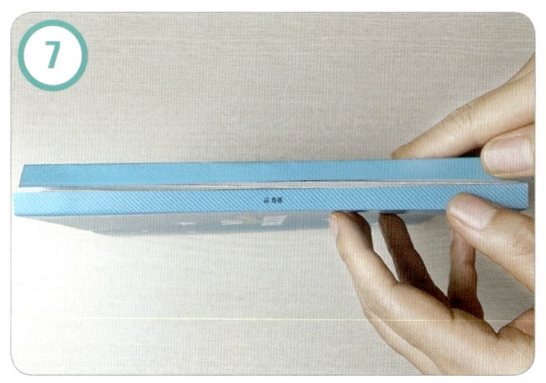
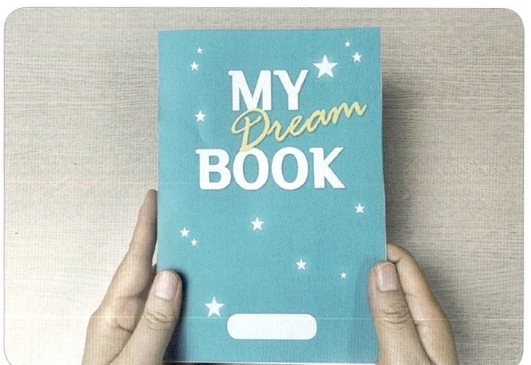

뒷표지와 앞표지를 연결하여 책 등 부분을 붙입니다.

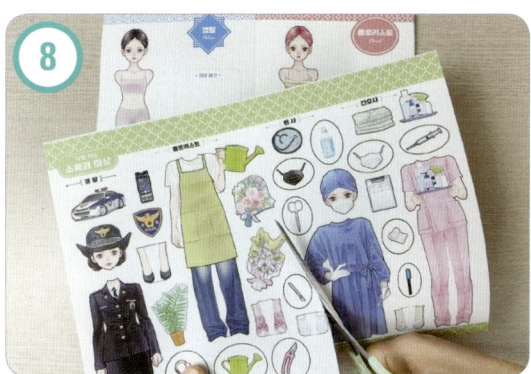
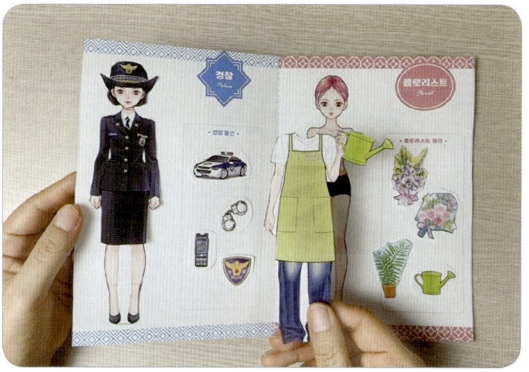

직업카드의 인형에게 옷을 입히고 각각의 직업에 해당하는 물건을 붙입니다.

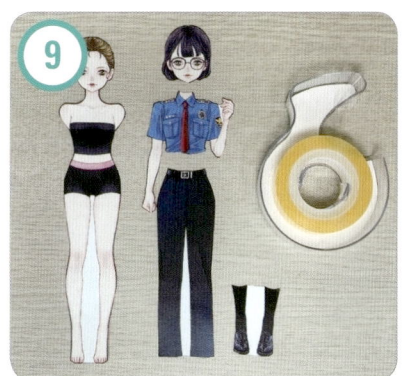
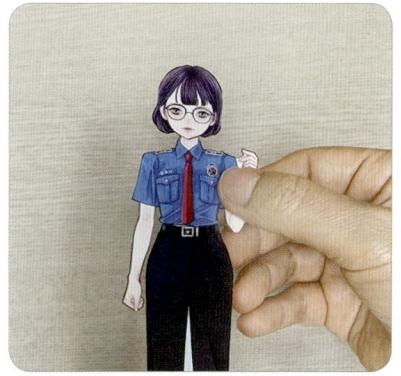

인형을 오린 후 투명 테이프를 이용해서 각각의 직업에 맞는 옷을 입혀 줍니다.

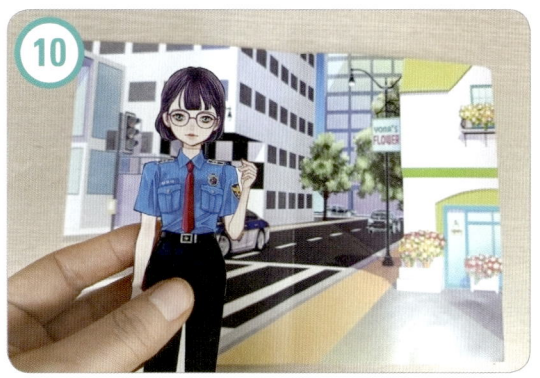
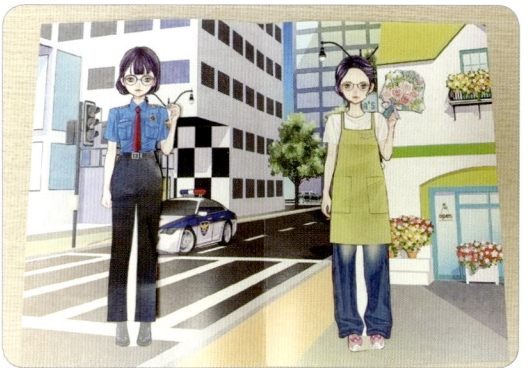

옷을 입힌 인형을 배경에 붙여 줍니다. 인형은 한 명만 붙여도 좋고 여러 명을 붙여도 좋습니다.
여분의 인형과 헤어로 각자의 개성에 맞게 꾸며 주세요.

3

스퀴시 키링
만드는 방법

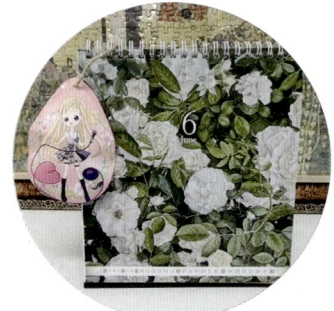

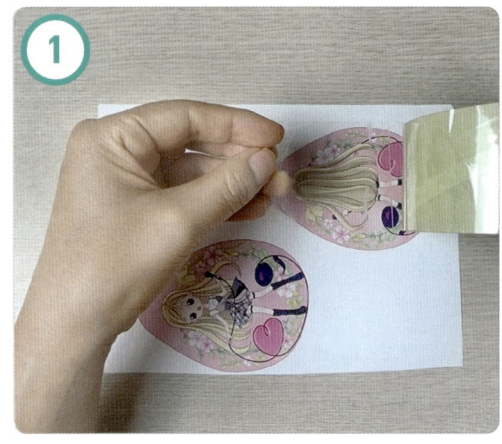

손코팅필름이나 투명 박스 테이프로 그림을 코팅합니다.

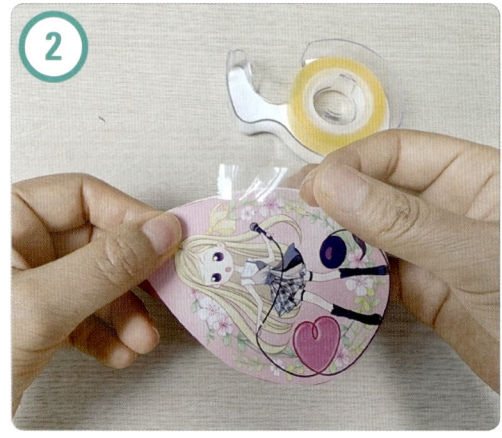

스퀴시 키링을 모양대로 자른 후 앞면과 뒷면을 맞추고 솜이 들어갈 구멍만 남기고 투명 테이프를 붙입니다.

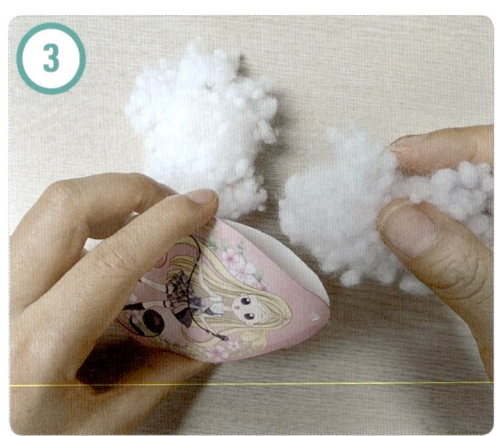

솜을 넣고 투명 테이프로 구멍을 막습니다.

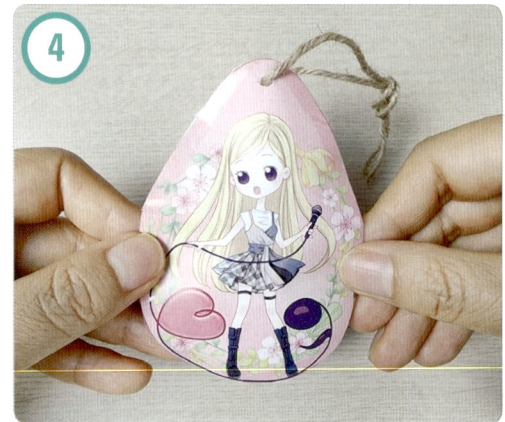

직업 키링 완성! 고리를 연결해서 키링으로 활용합니다.

4

마이 드림 북
만드는 방법

1. 마이 드림 북의 표지와 직업카드, 배경, 인형을 가위선대로 자른다.

2. 이 책의 사용방법에서 보여준 대로 책을 연결해서 붙인다.

3. 직업카드에 직업의상을 입히고 직업물건을 붙인다.

4. 자른 인형에 옷을 입히고 배경에 붙인다.

선대로 잘라서 사용하세요 ✂

MY
Dream
BOOK

접는 선

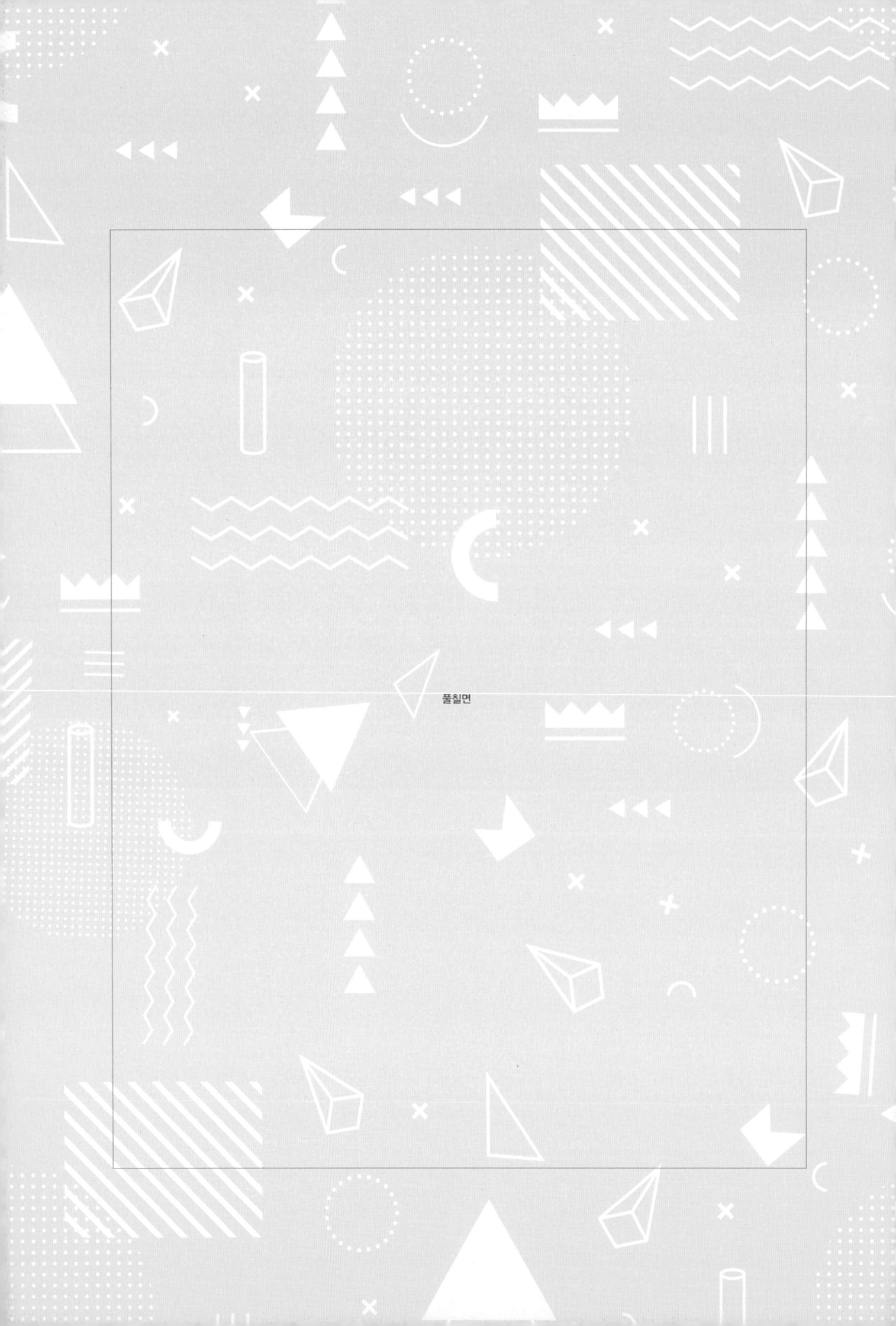

풀칠면

선대로 잘라서 사용하세요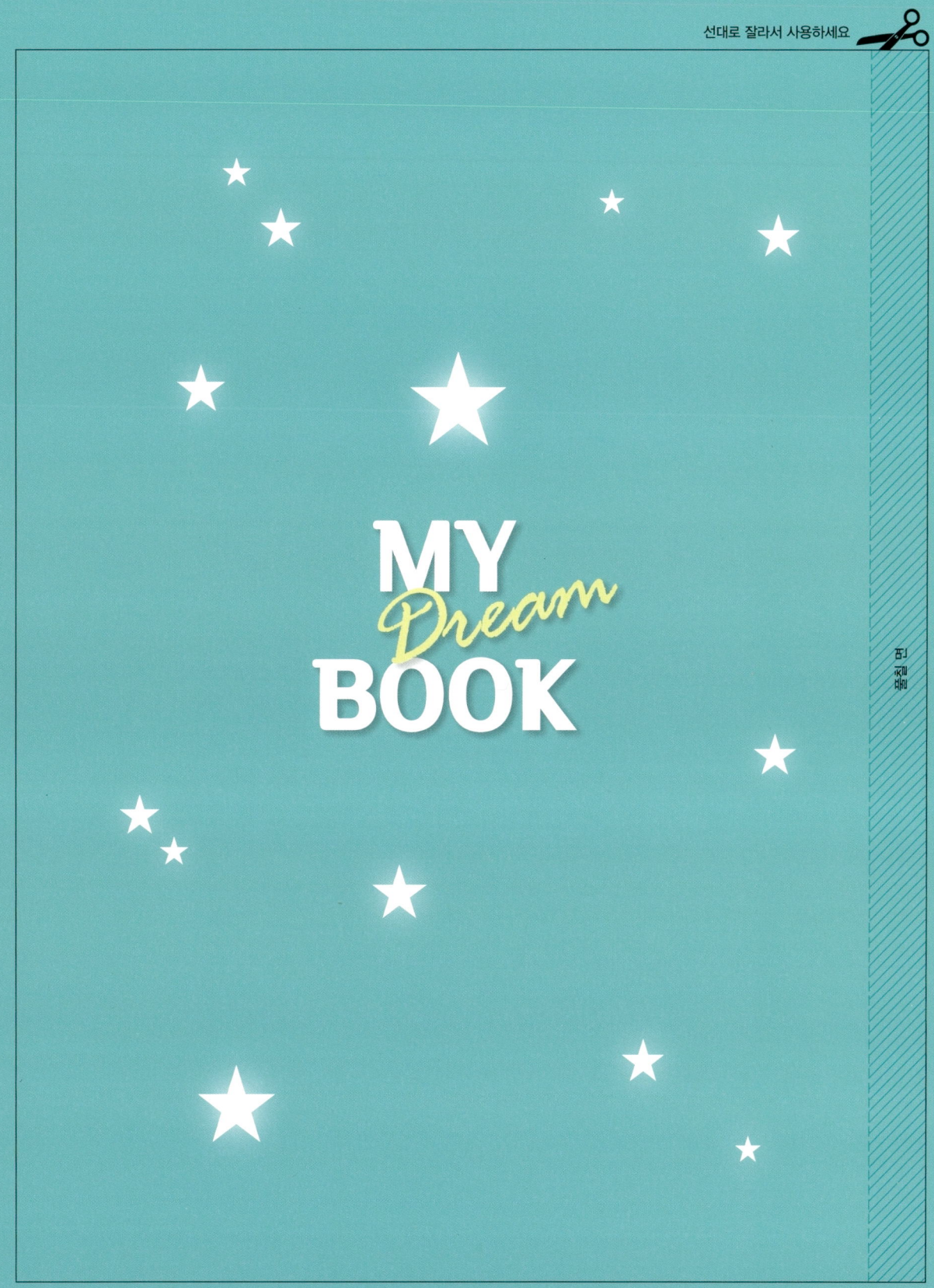

접는 선

풀칠할 면

접는 선

MY Dream BOOK

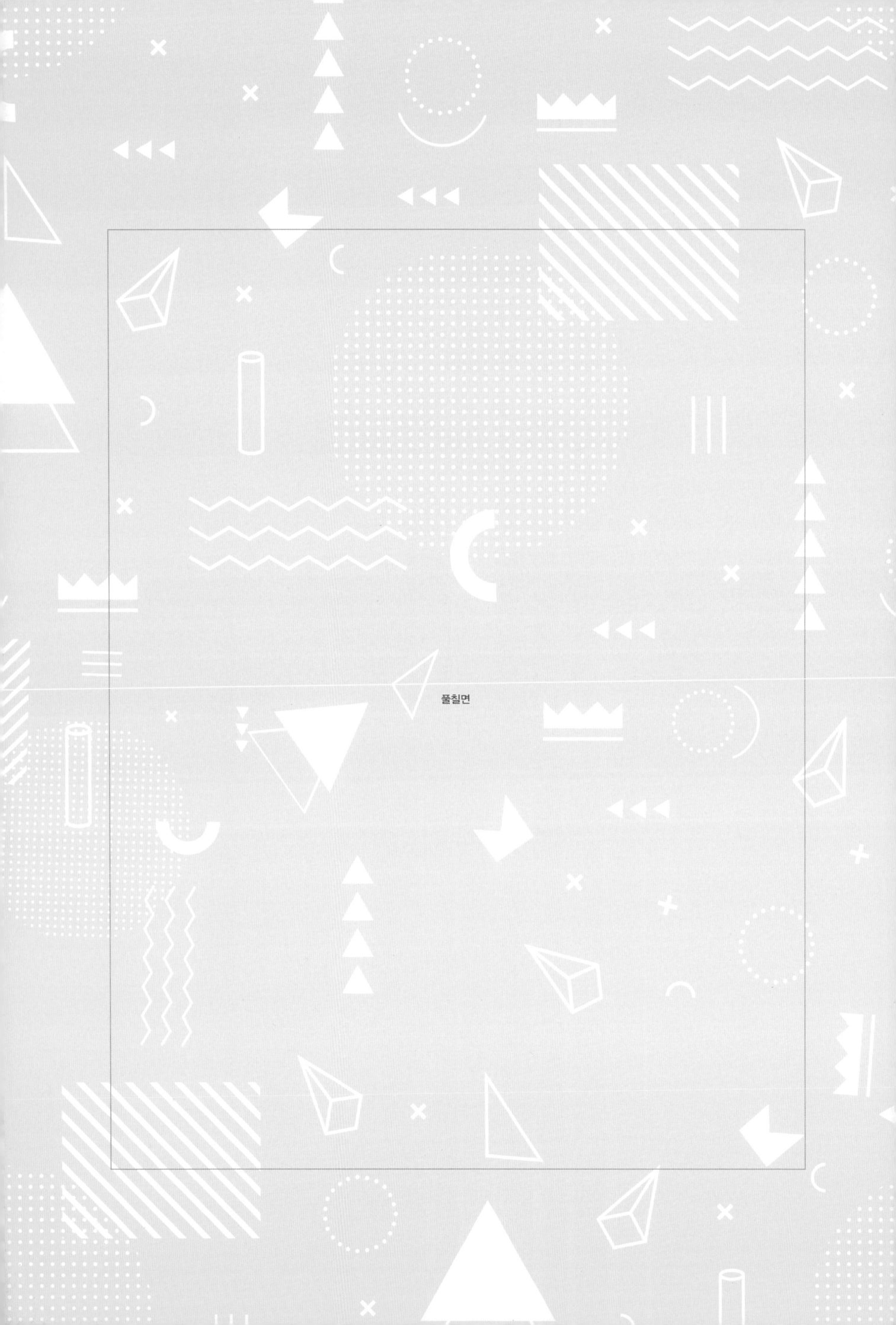

풀칠면

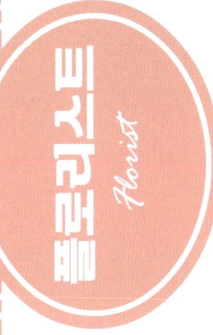

플로리스트
Florist

◆ 플로리스트 물건 ◆

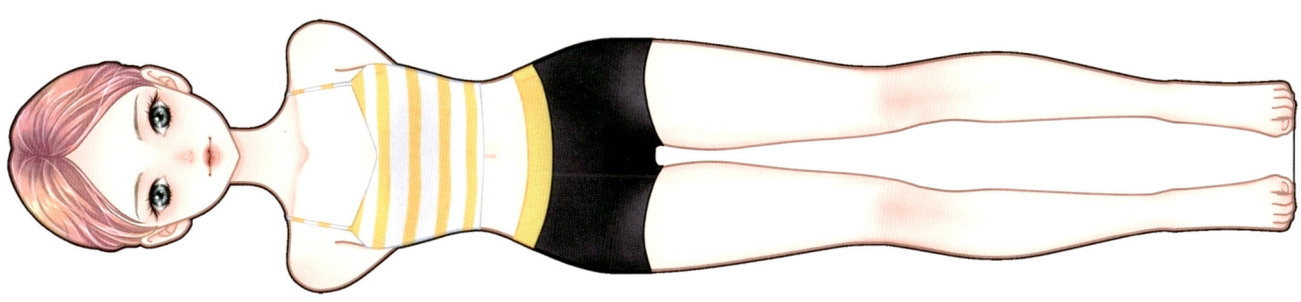

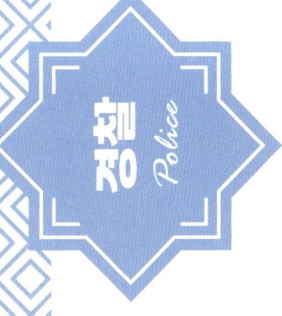

경찰
Police

◆ 경찰 물건 ◆

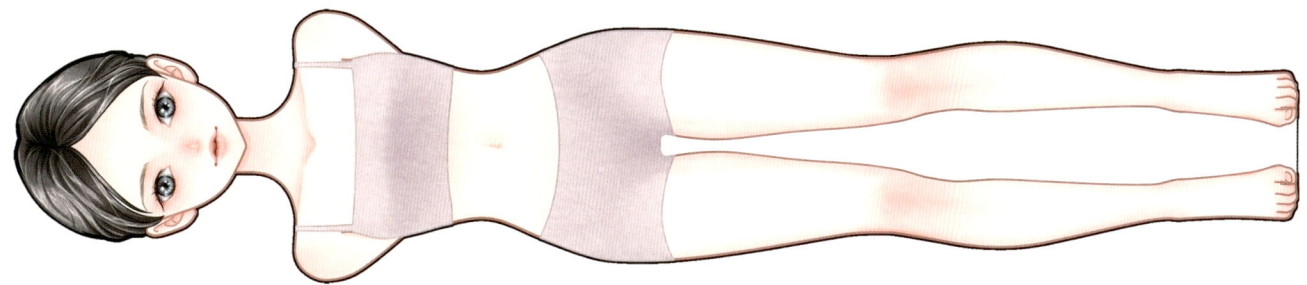

간호사
Nurse

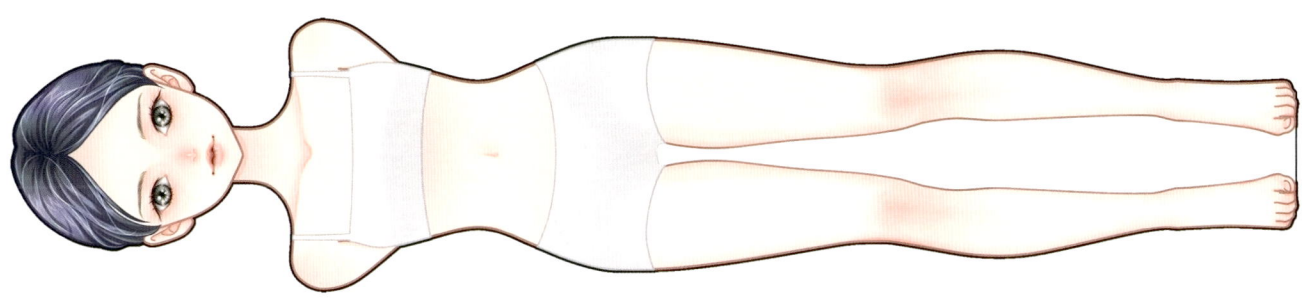

◆ 간호사 물건 ◆

의사
Doctor

◆ 의사 물건 ◆

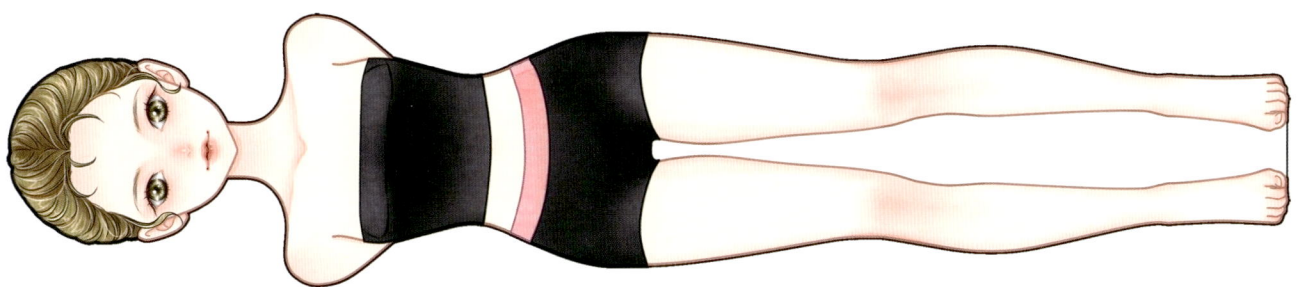

◆ 변호사 & 검사 물건 ◆

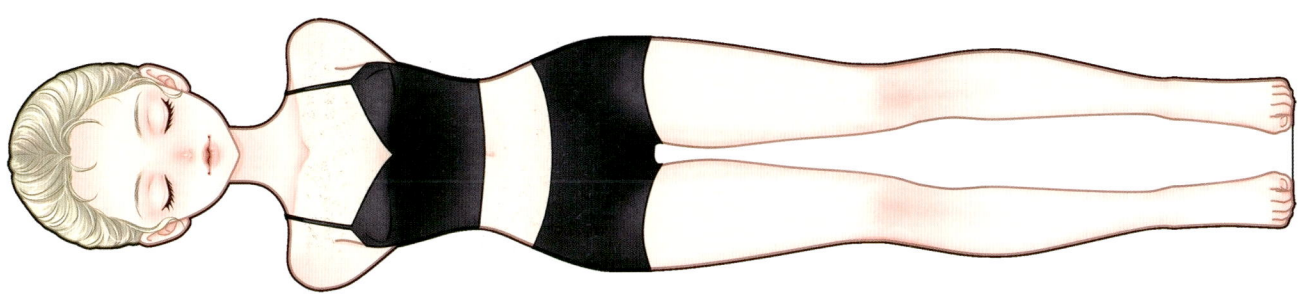

◆ 판사 물건 ◆

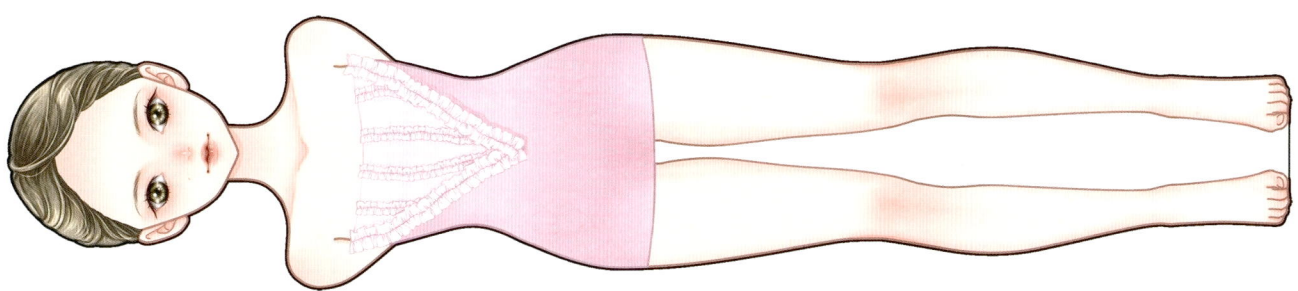

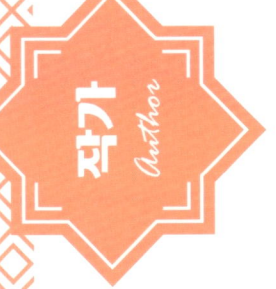

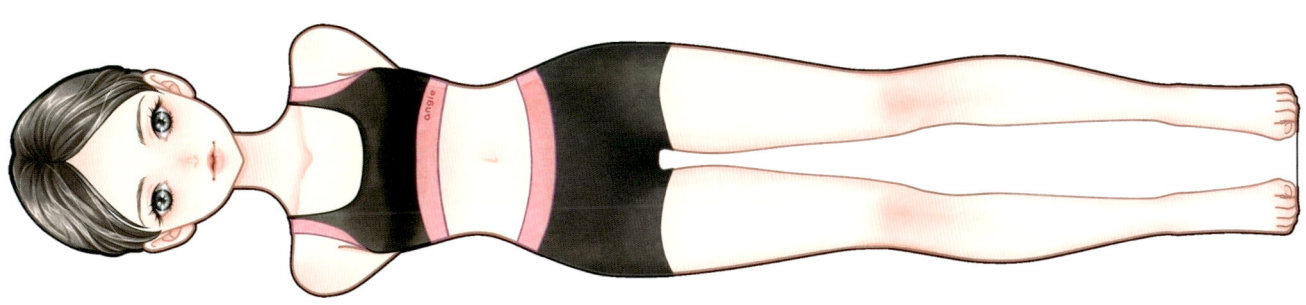

트레이너 물건 ◆

◆ 트레이너 물건

트레이너
Trainer

작가
Author

◆ 작가 물건

◆ 작가 물건 ◆

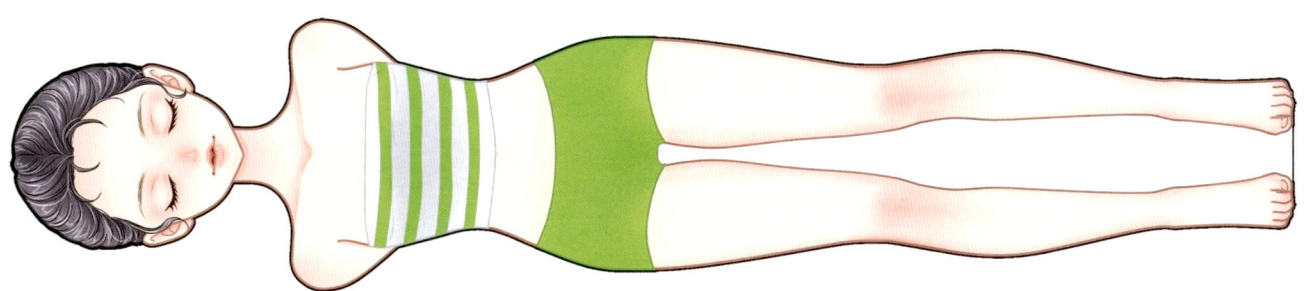

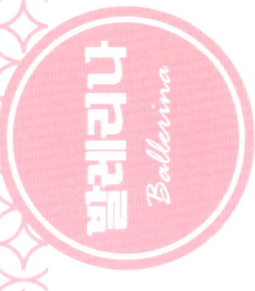

발레리나
Ballerina

◆ 발레리나 물건 ◆

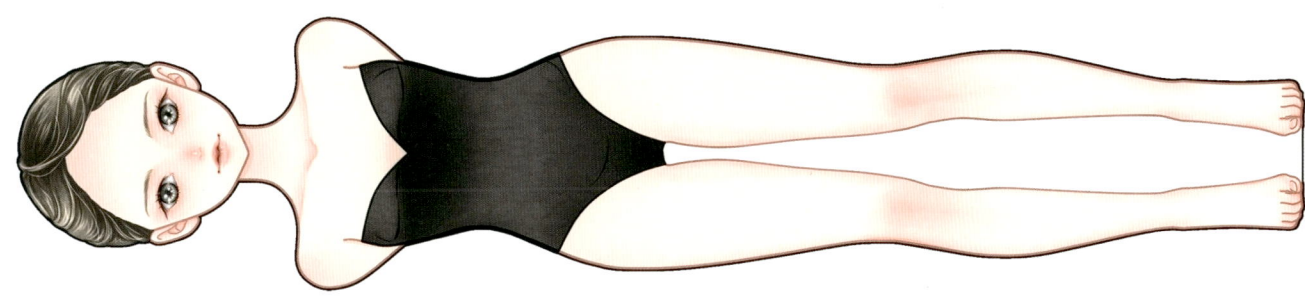

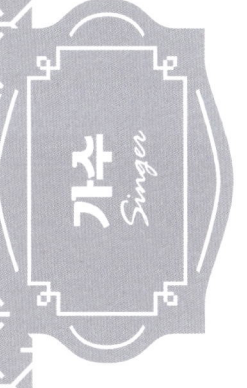

가수
Singer

◆ 가수 물건 ◆

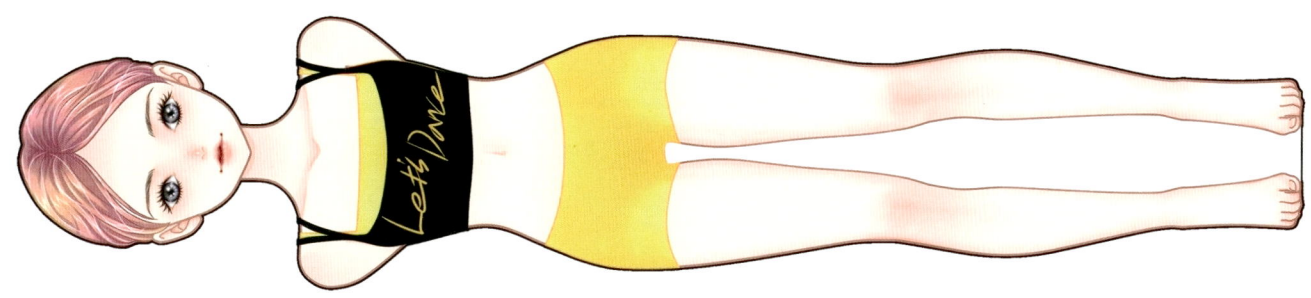

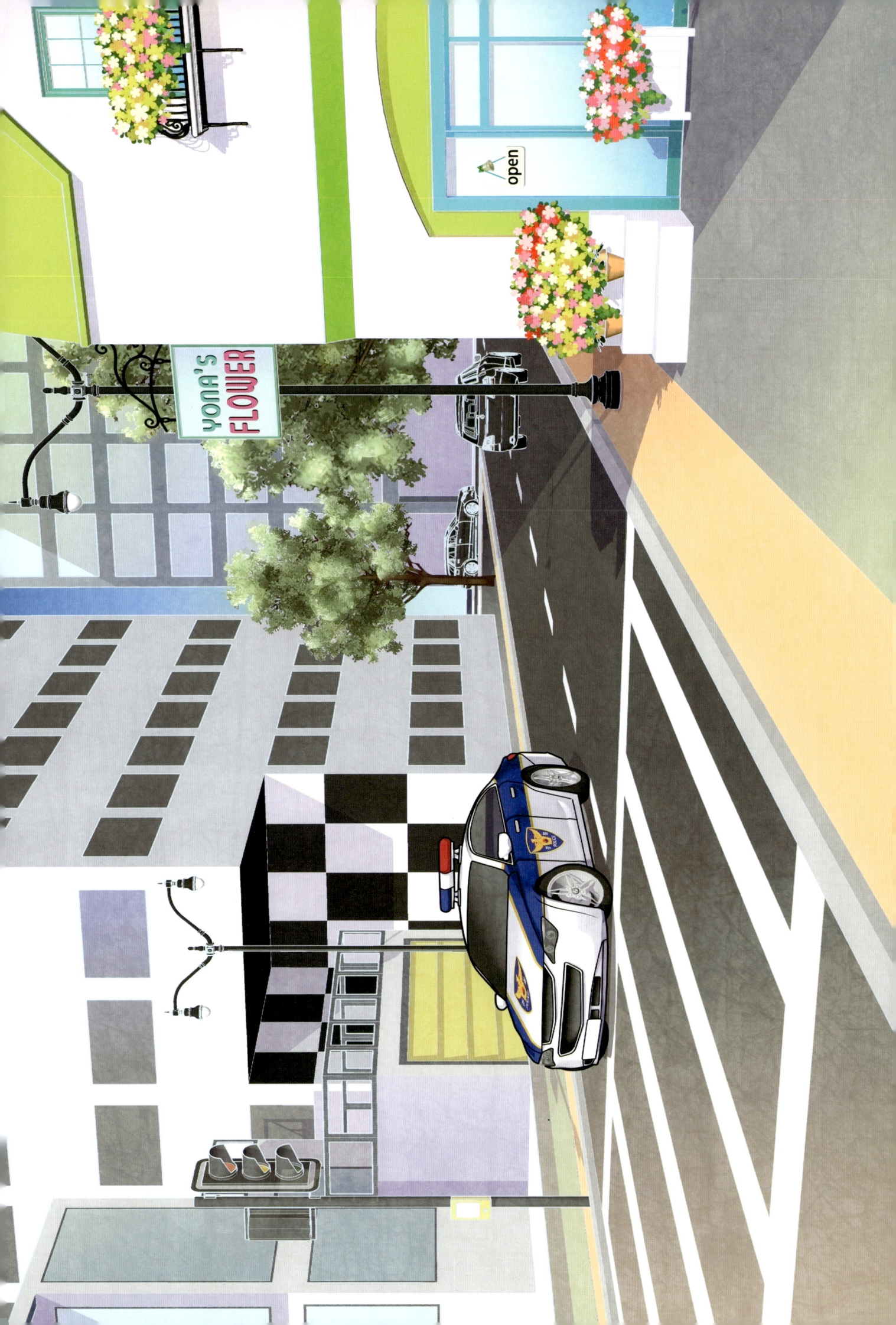

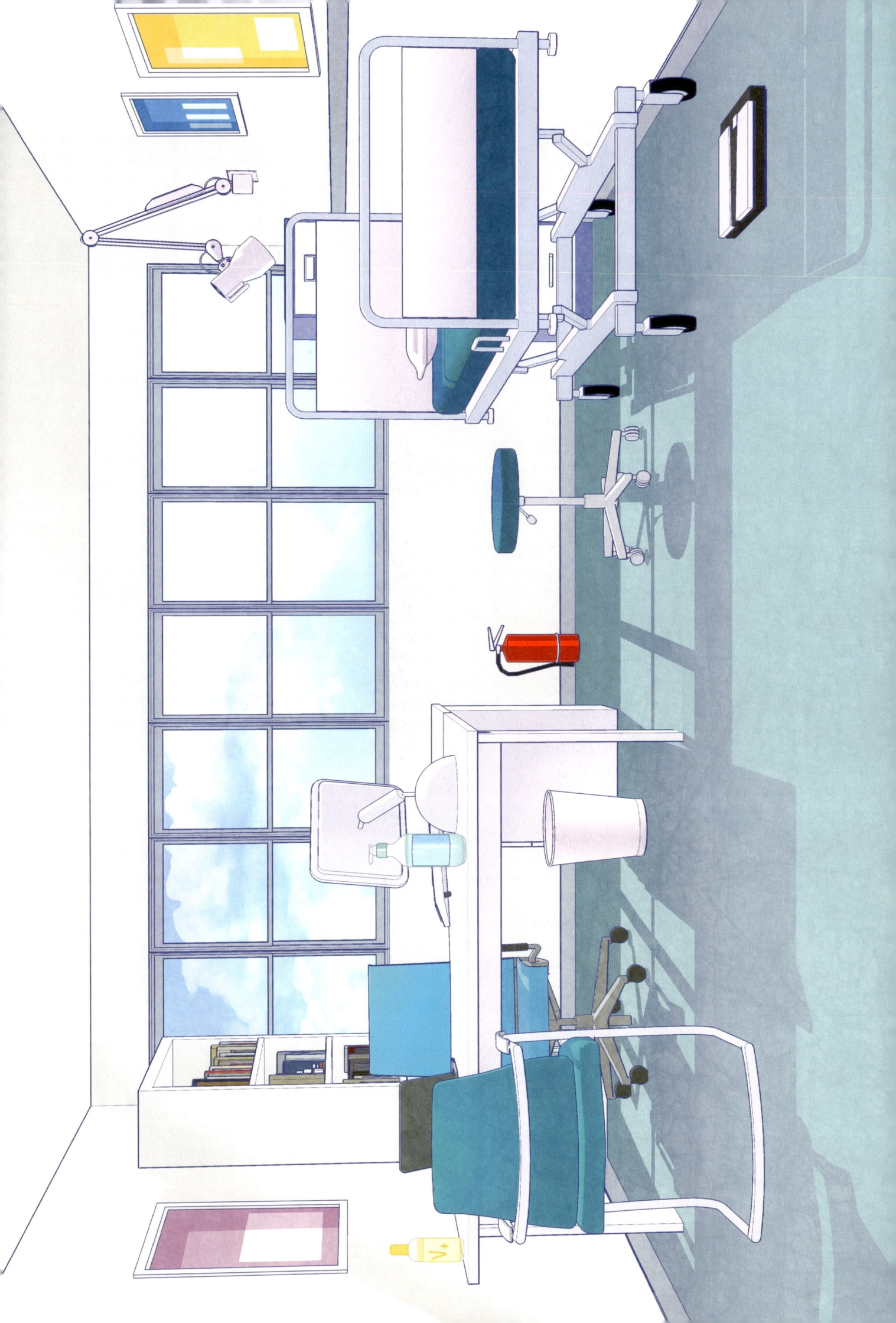

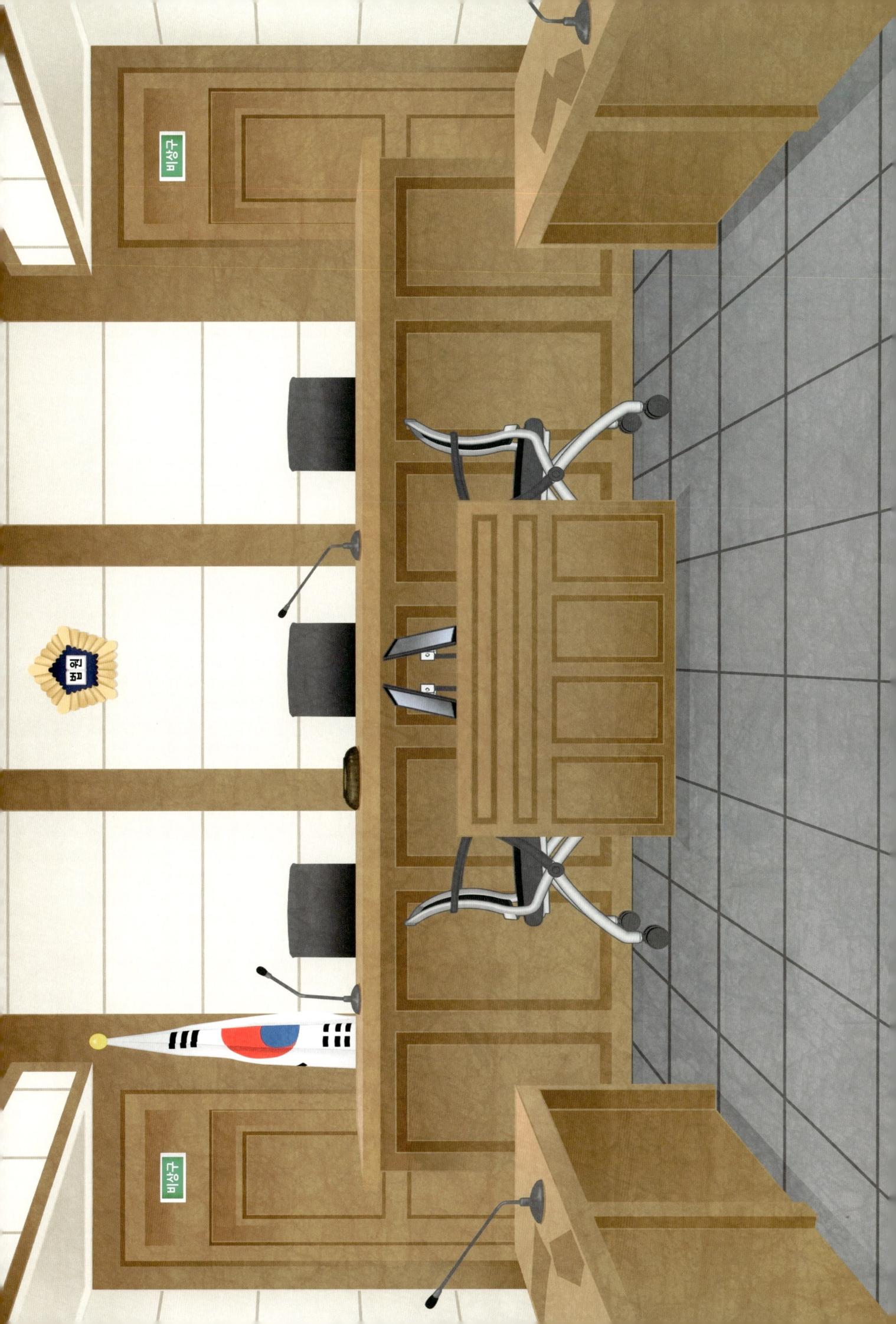

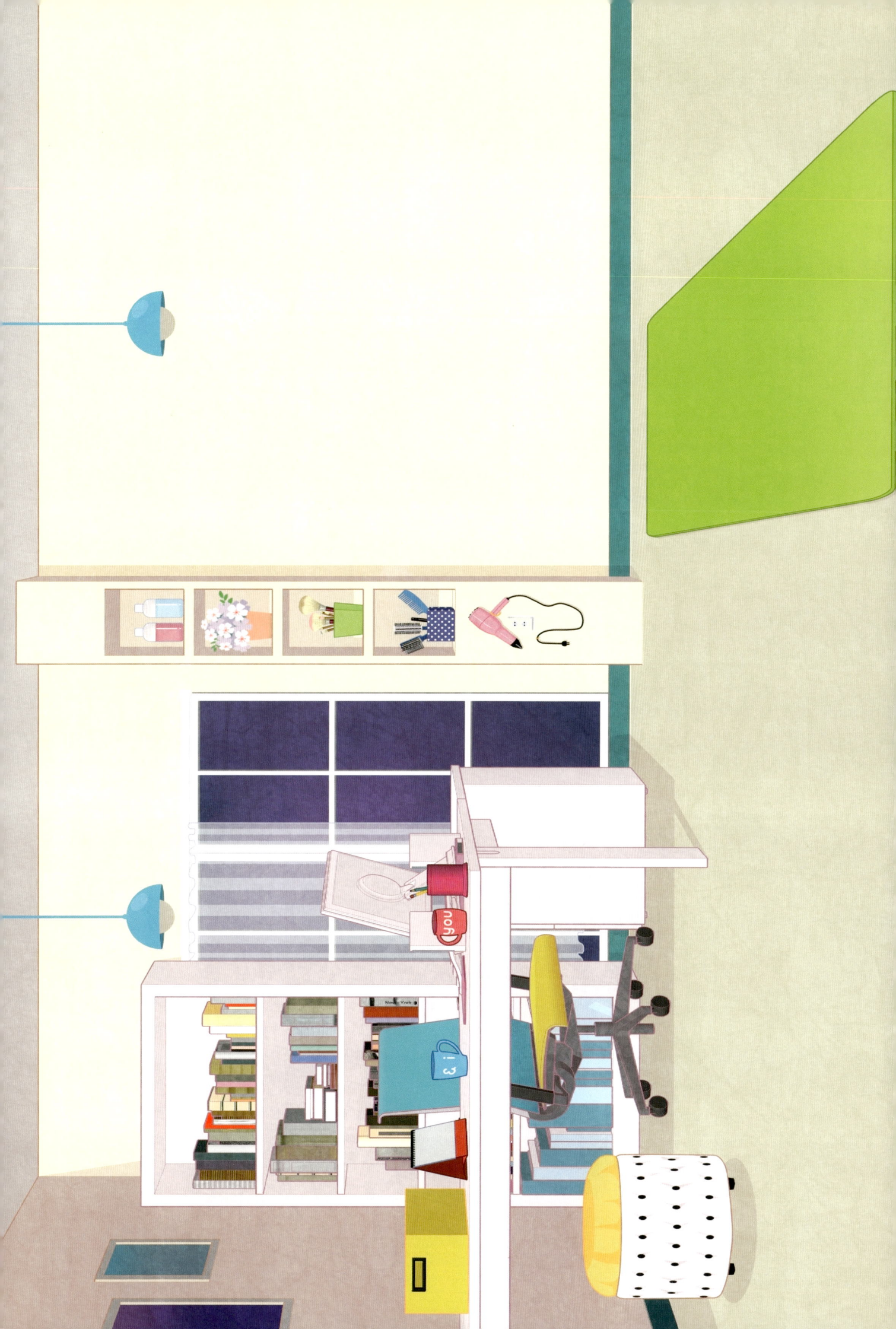

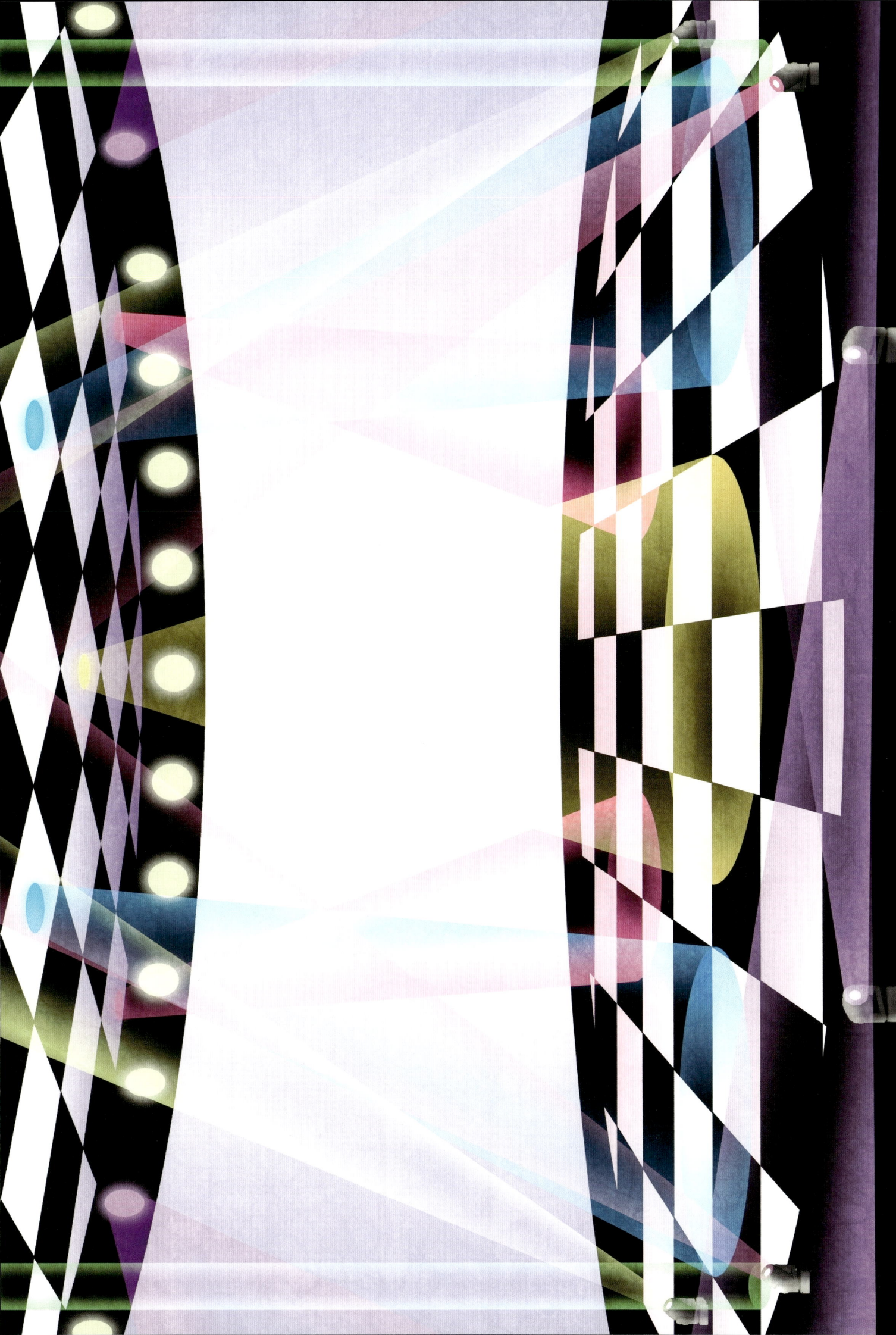

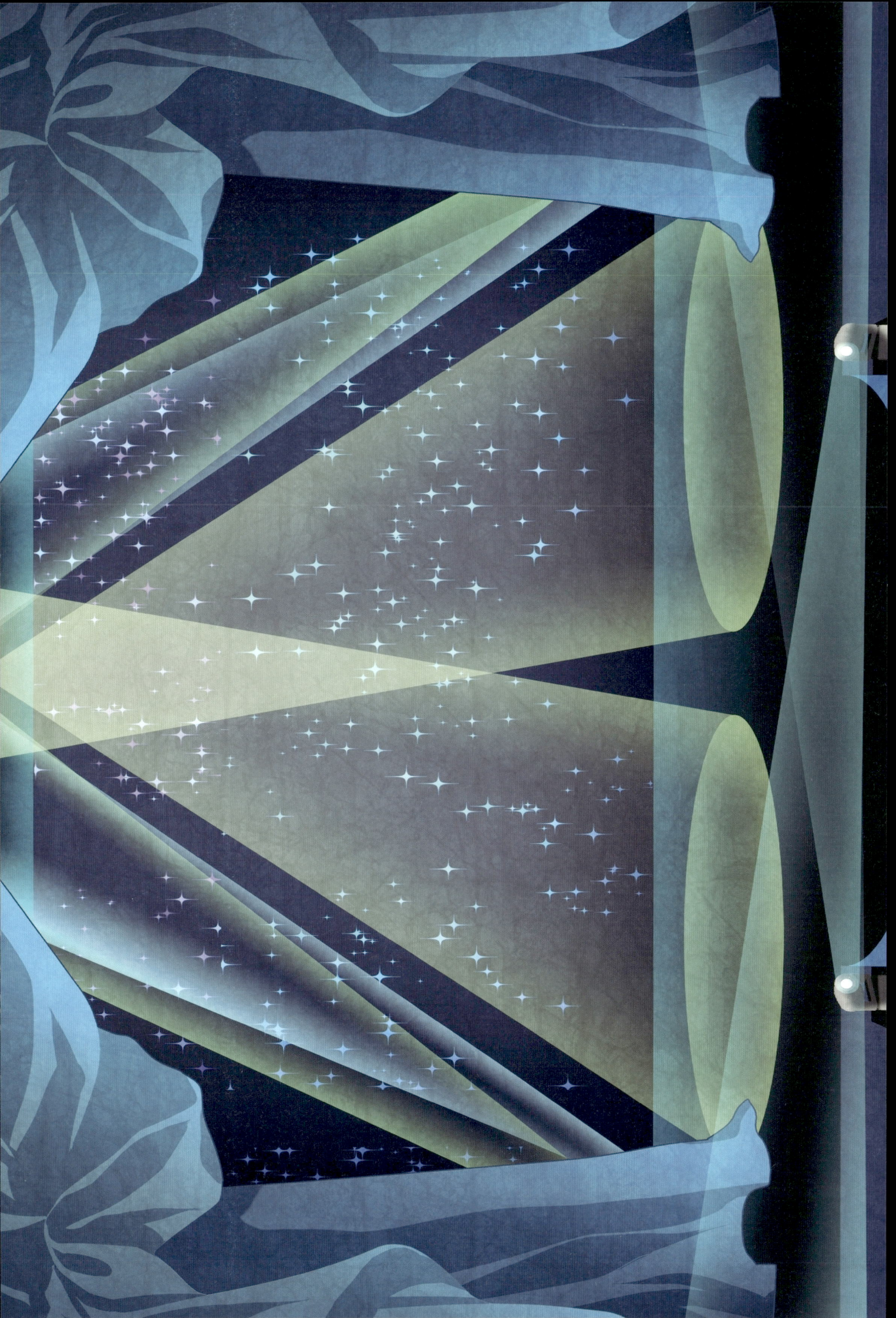

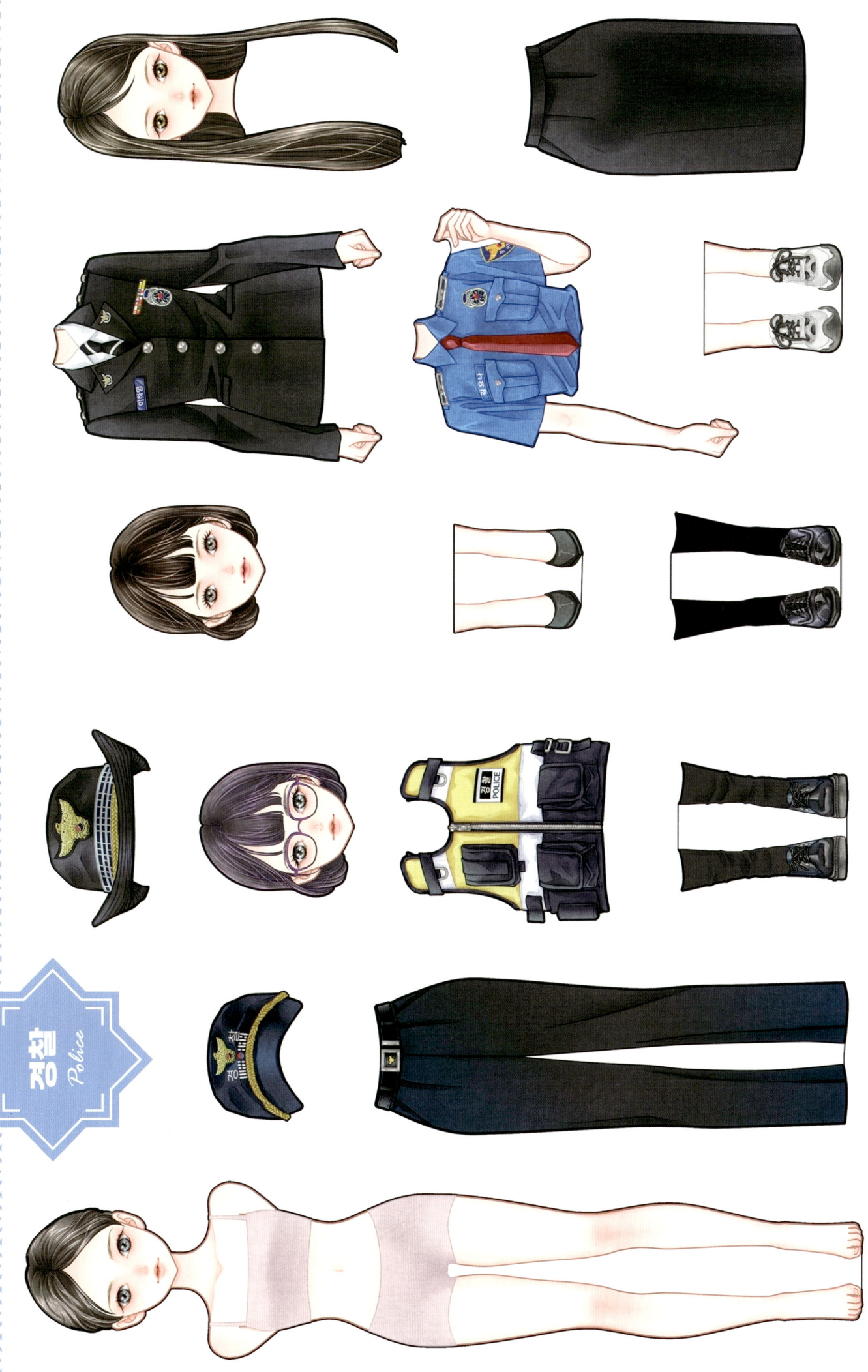

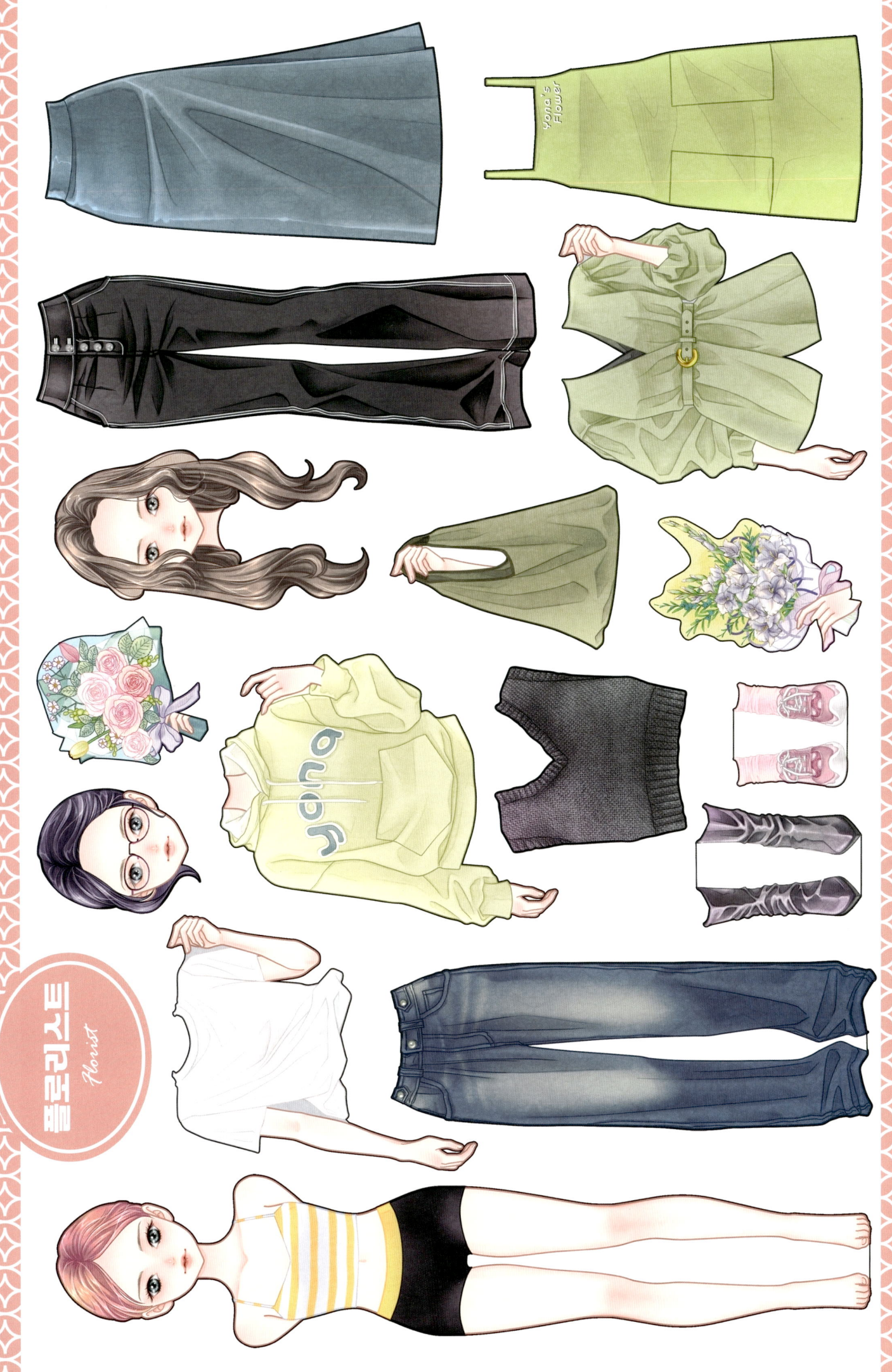

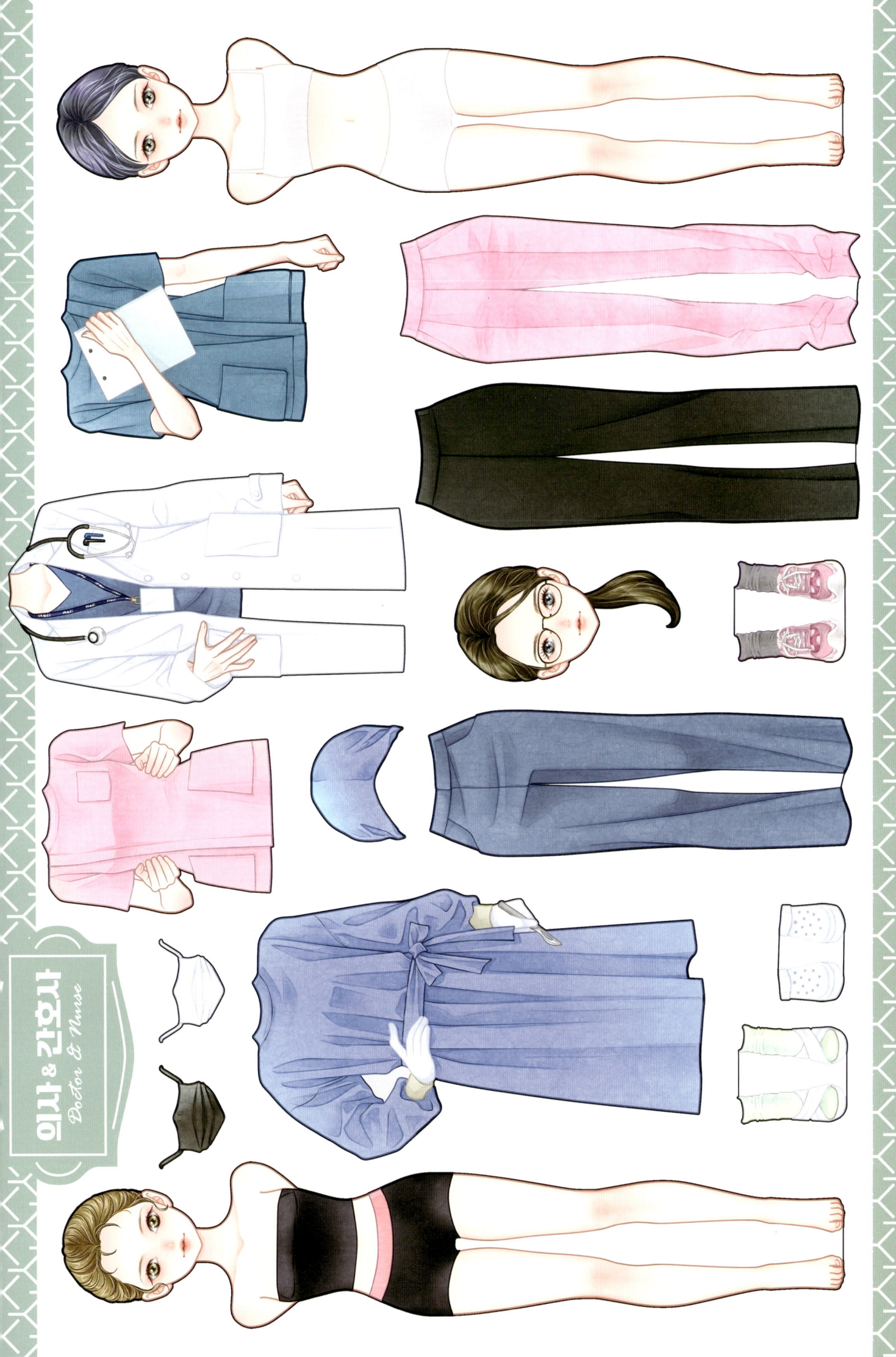

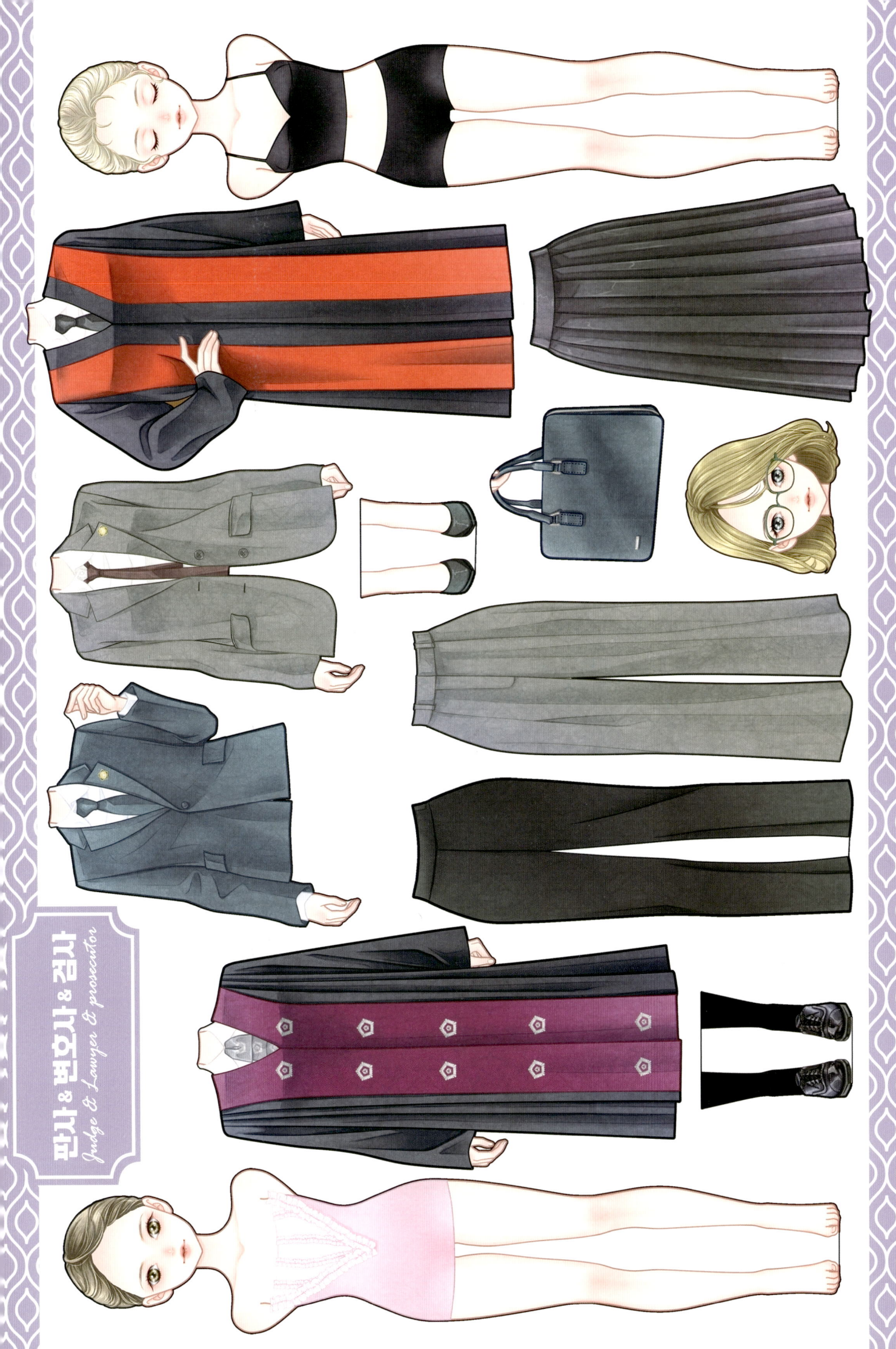

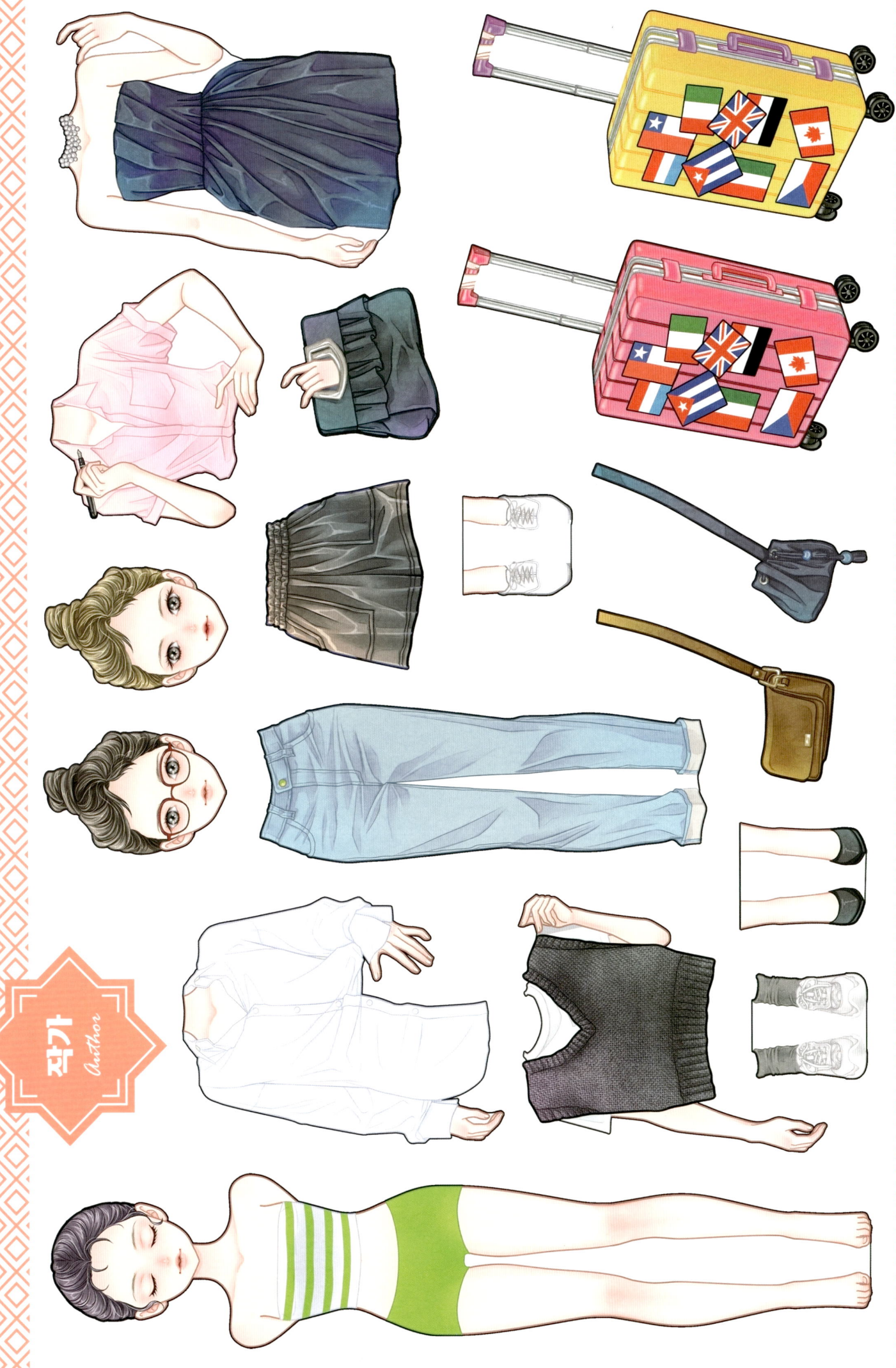

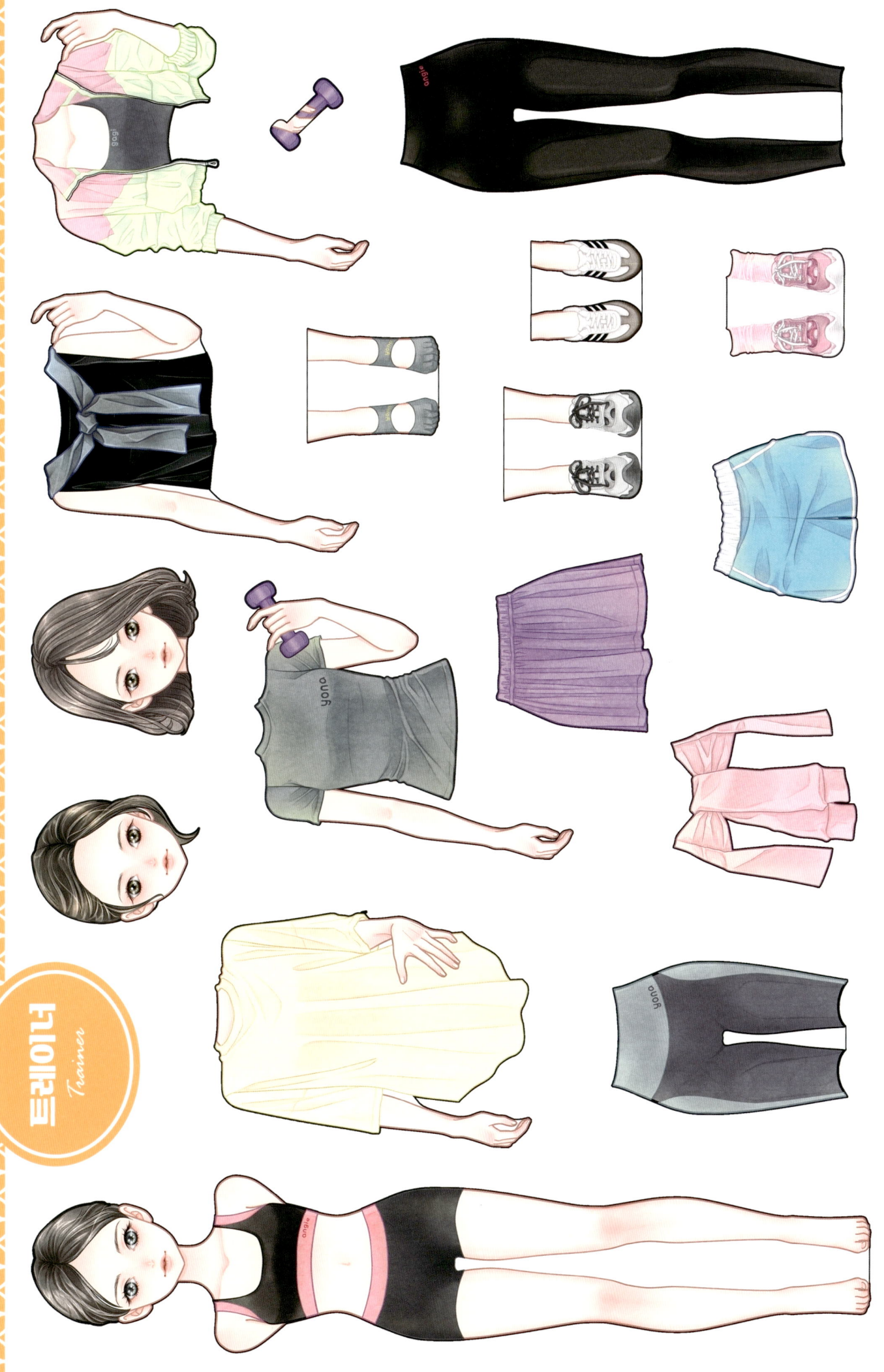

트레이너
Trainer

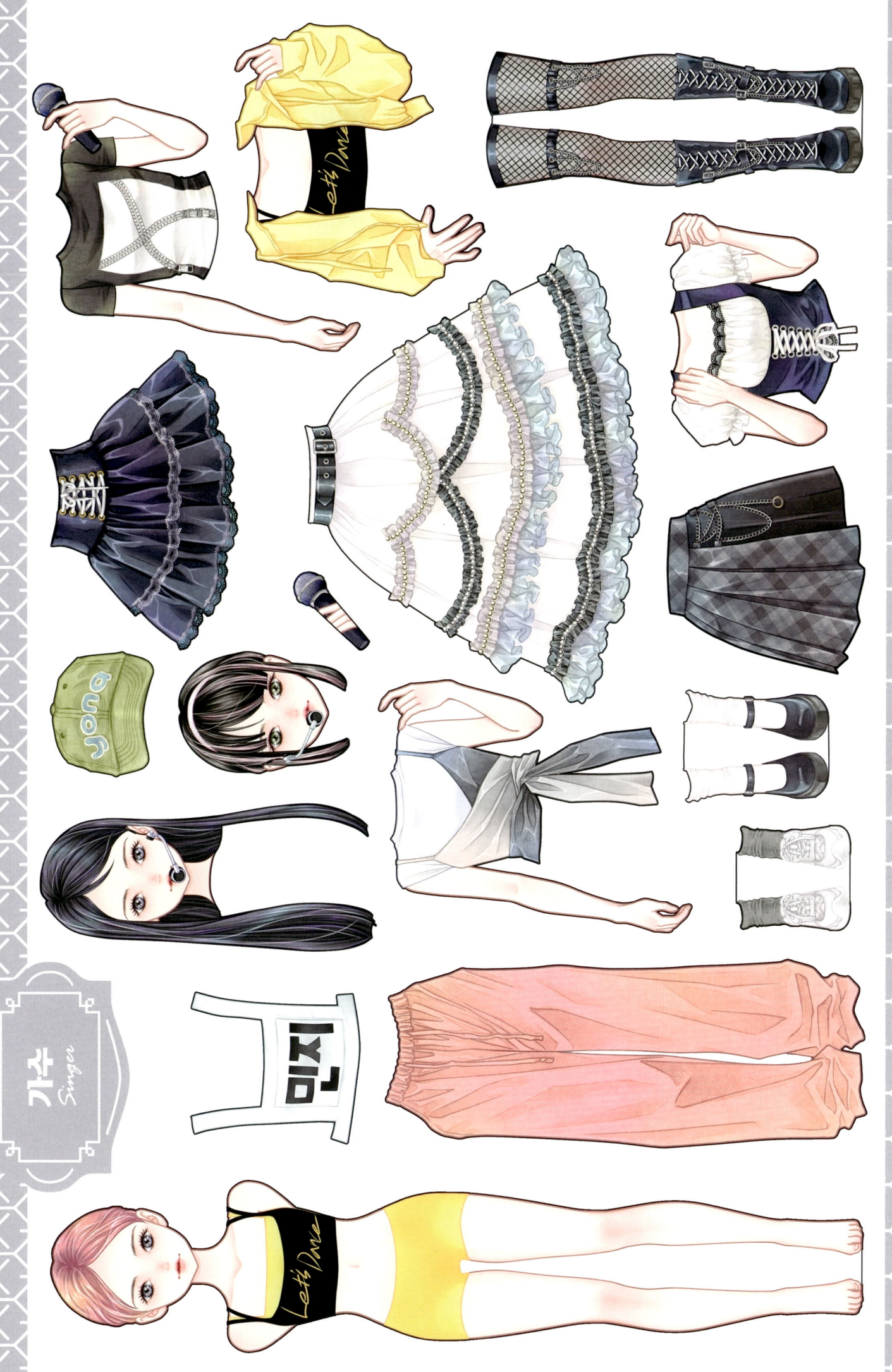

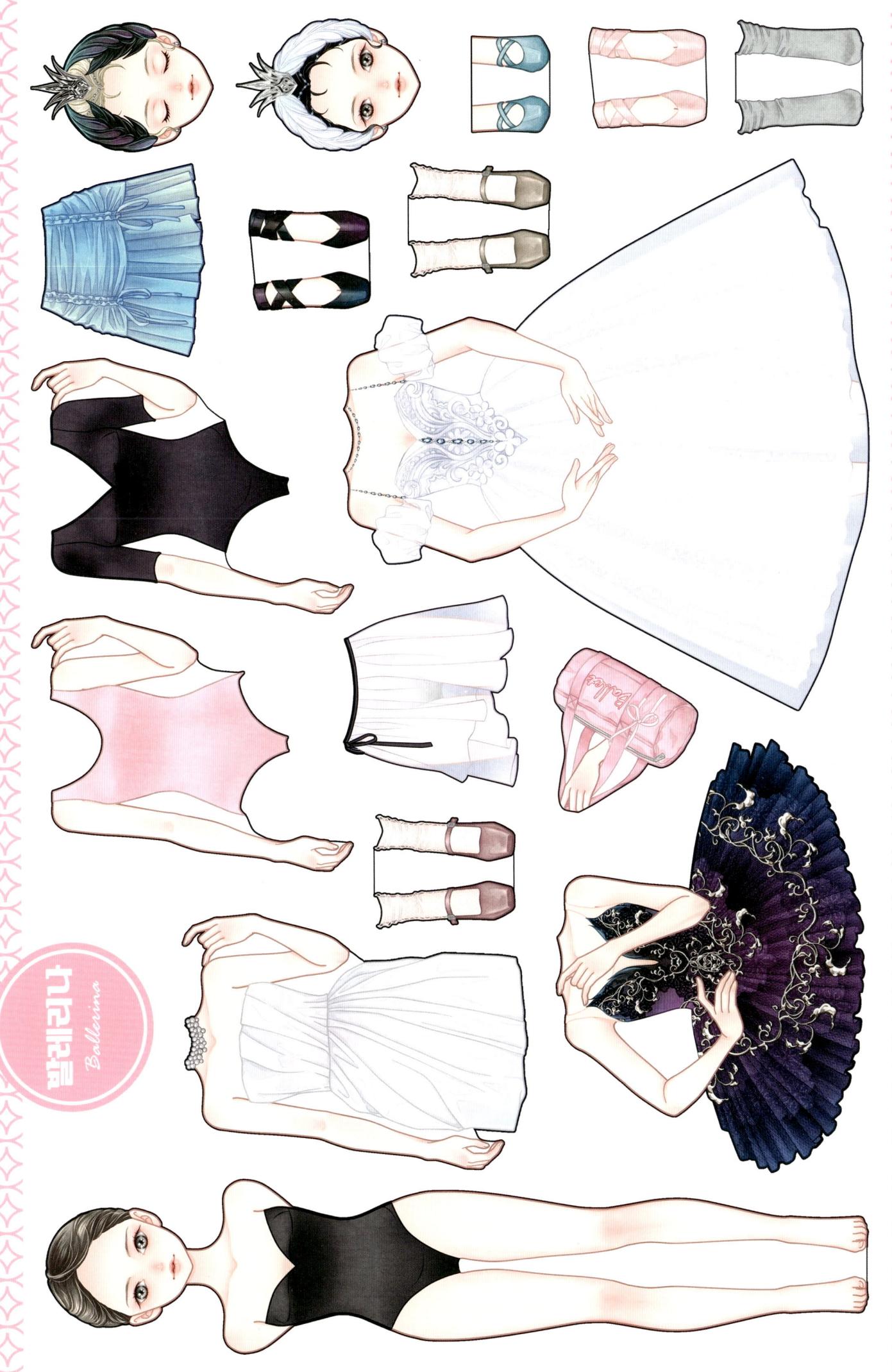

Ballerina

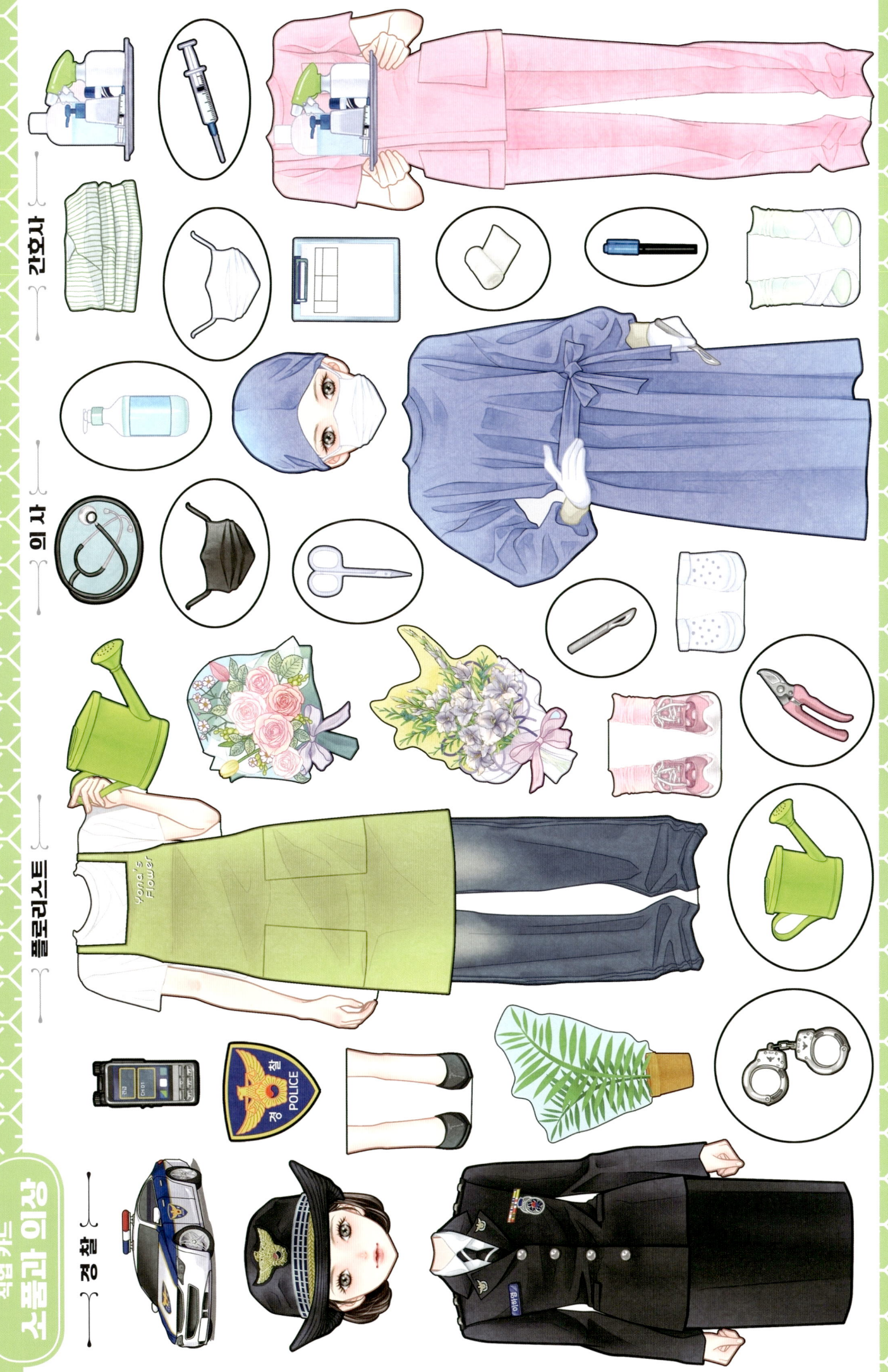

의사

플로리스트

경찰

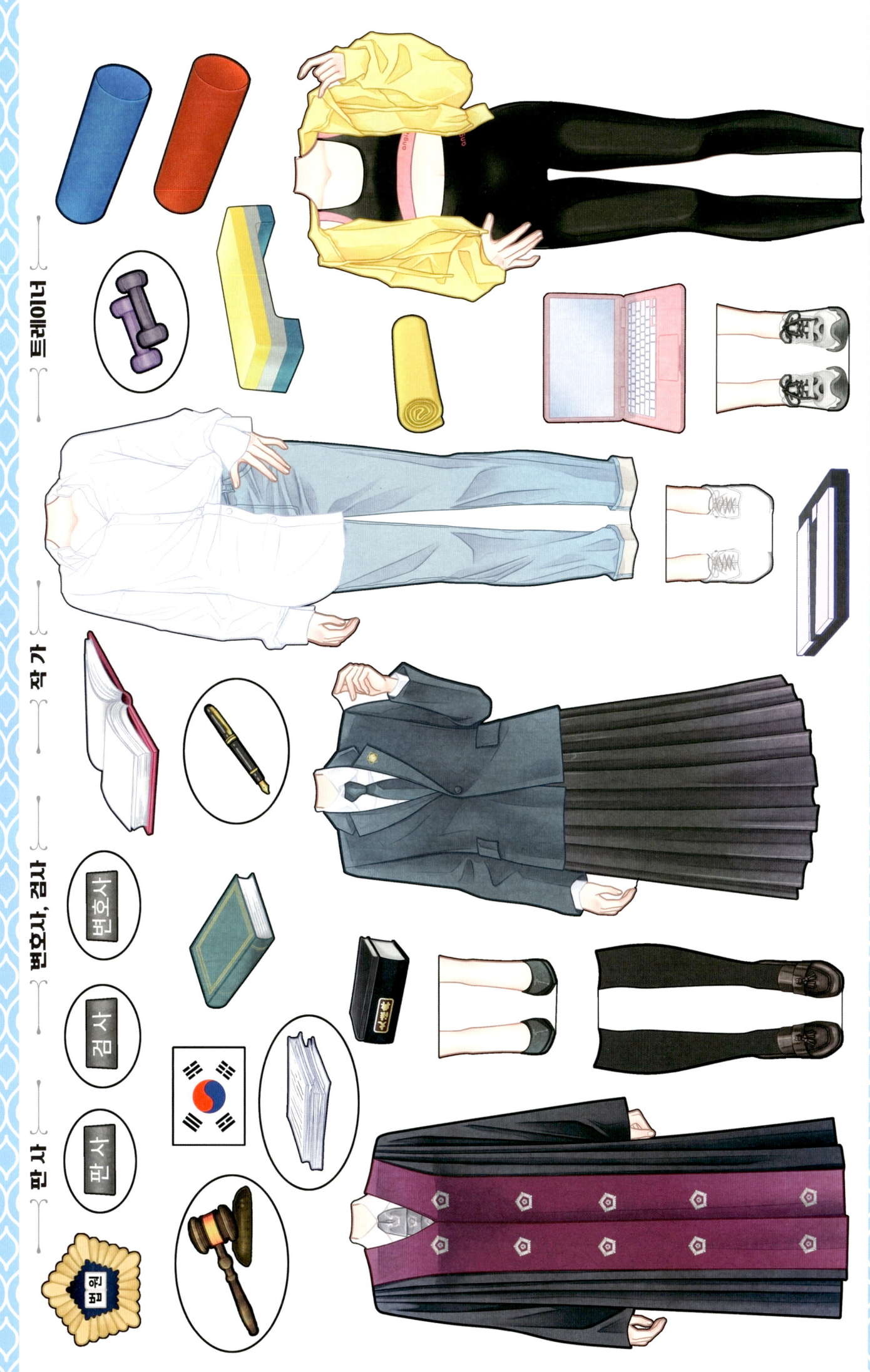

트레이너

작가

변호사, 검사

판사

변호사

검사

판사

다른
헤어와 소품

가 수

발레리나

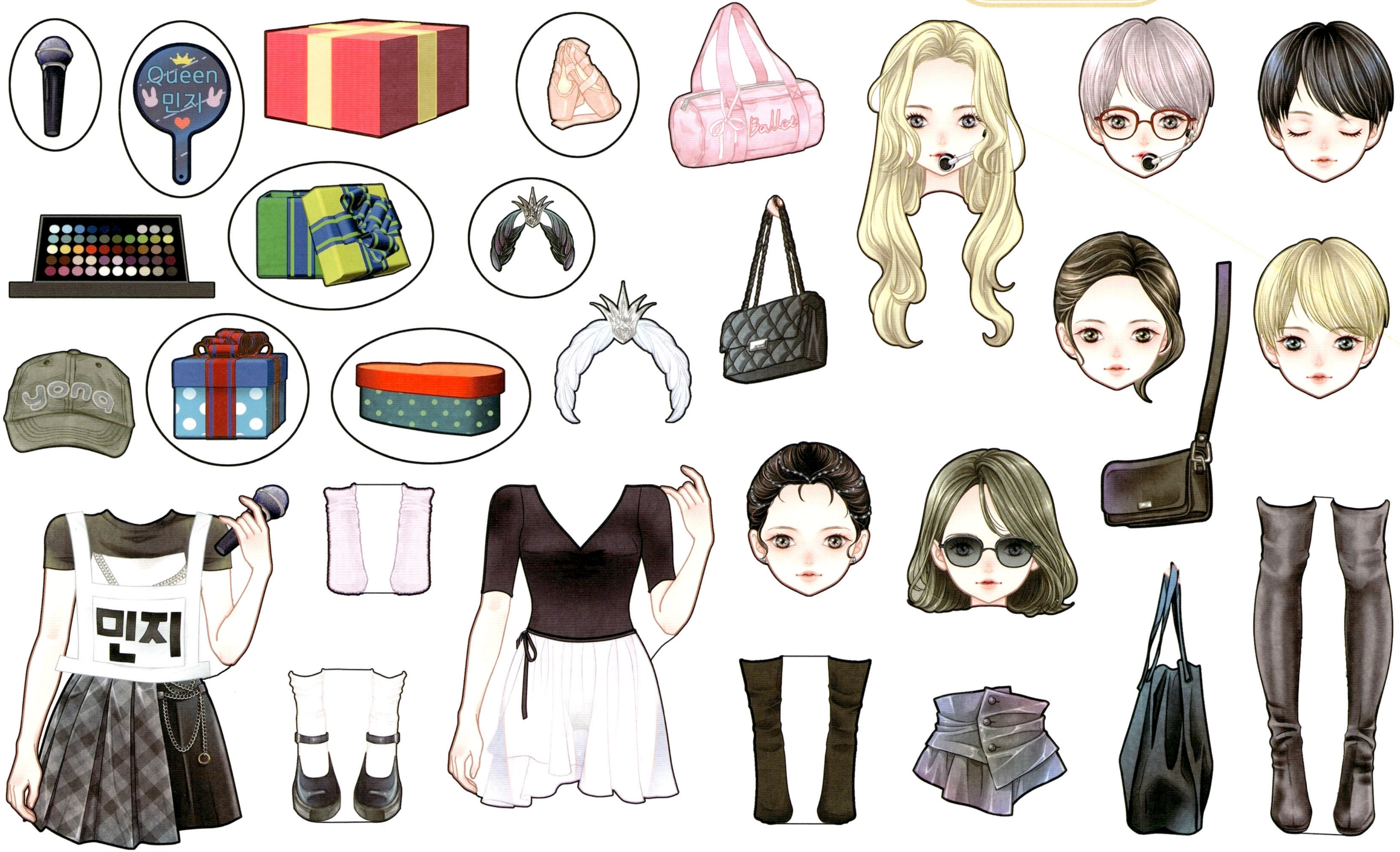

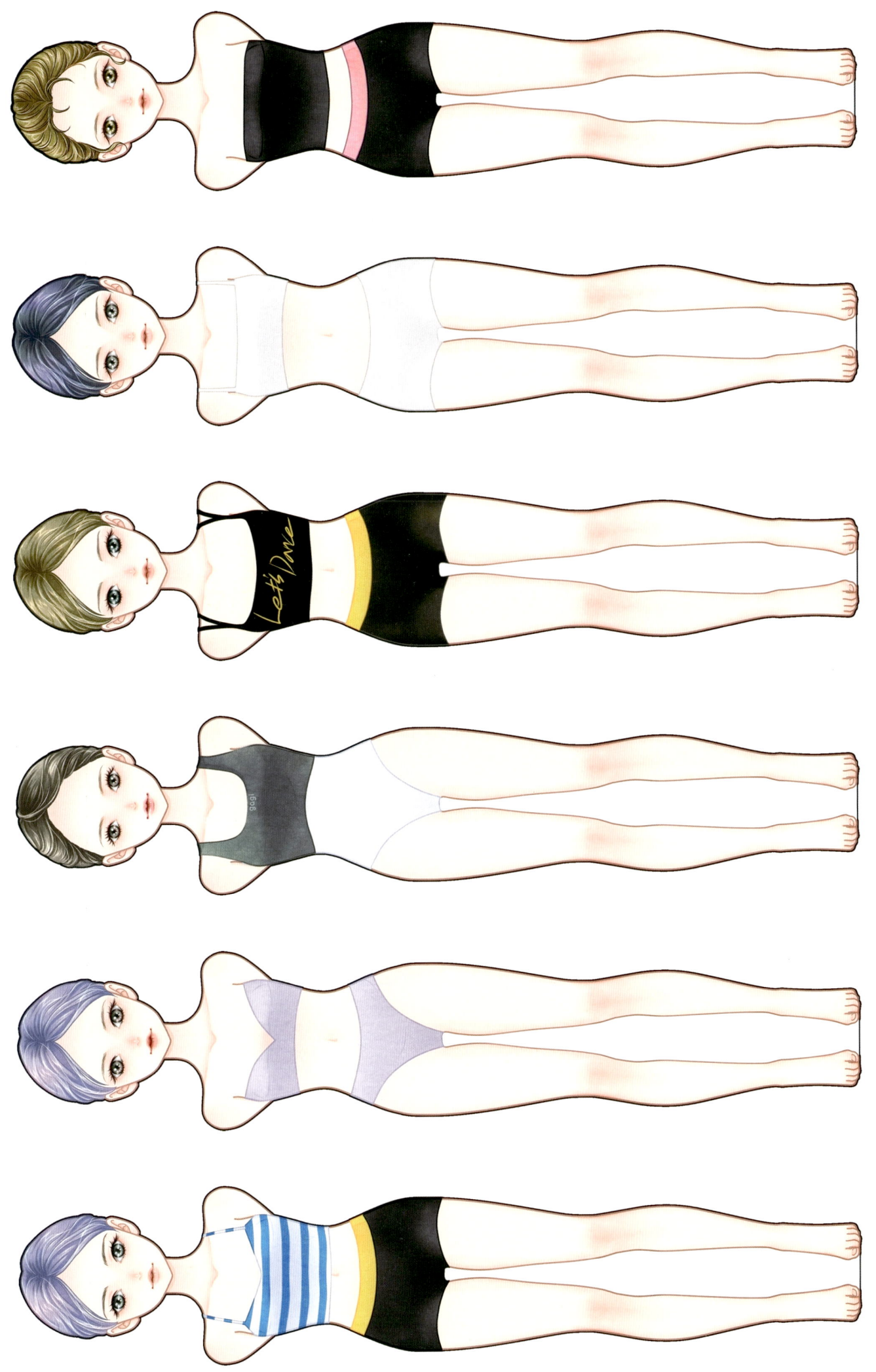

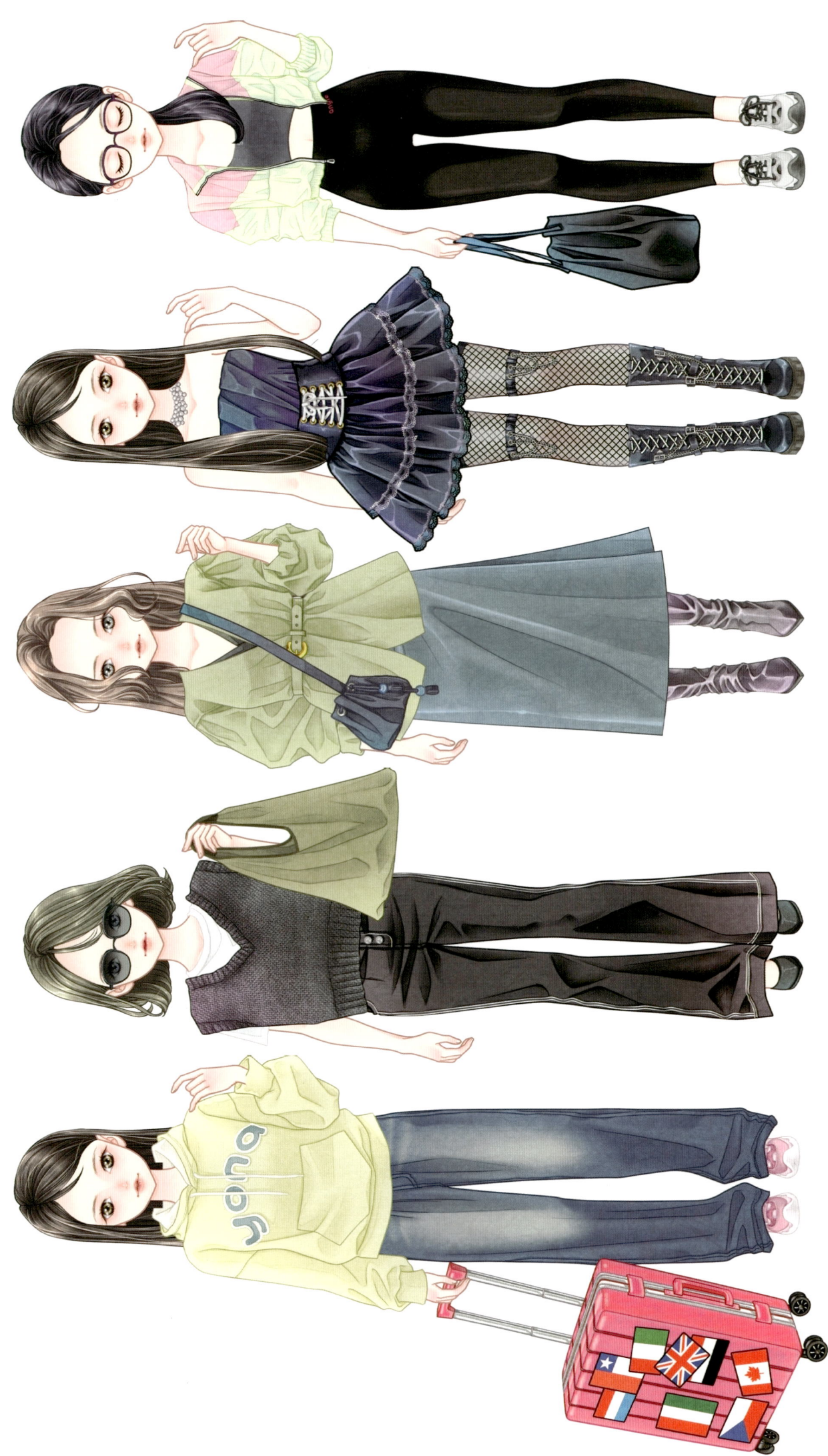

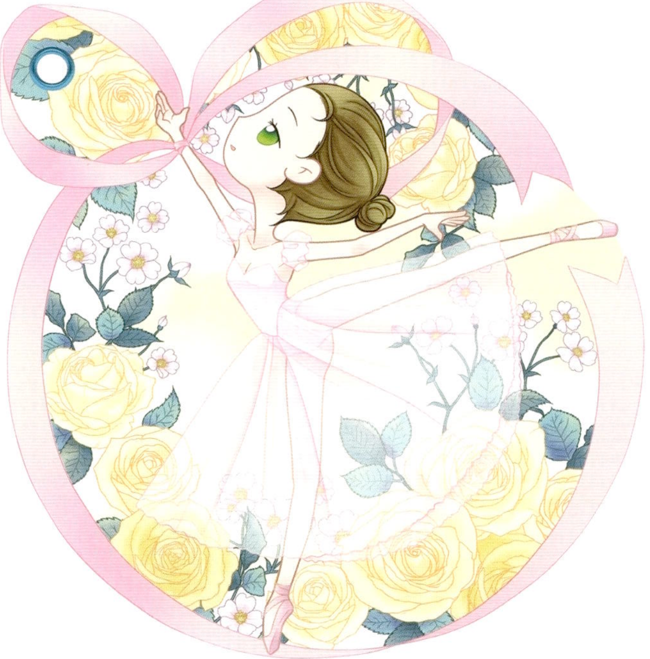

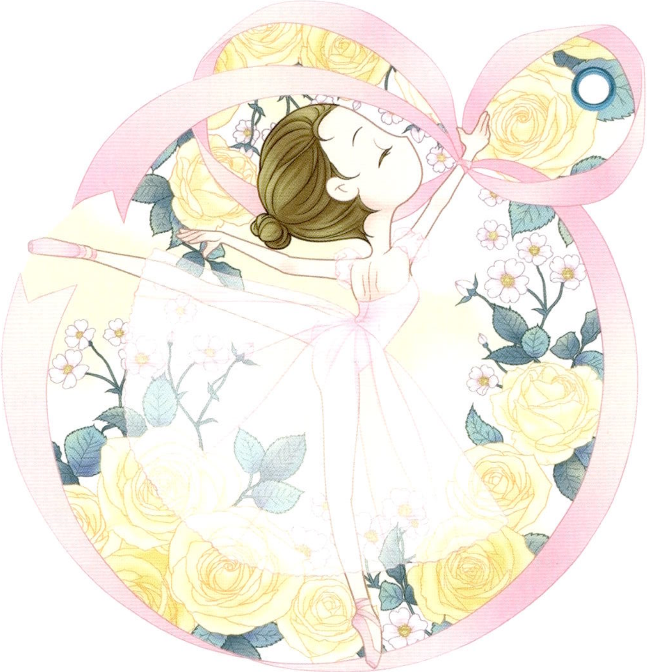

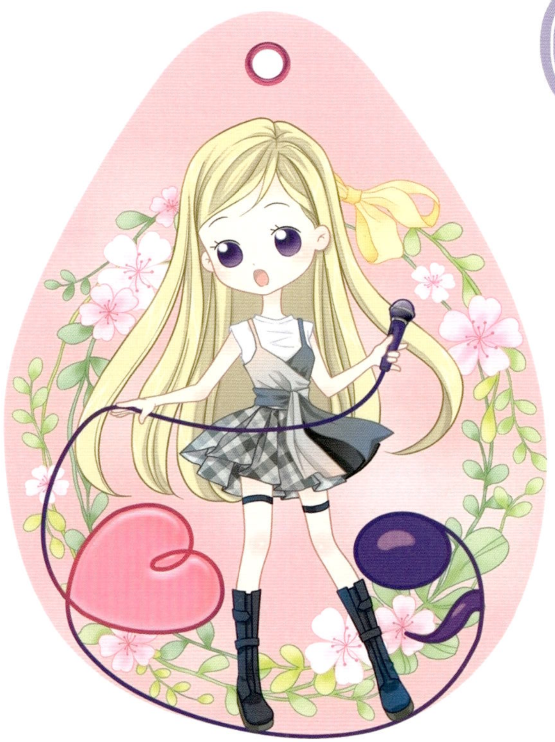

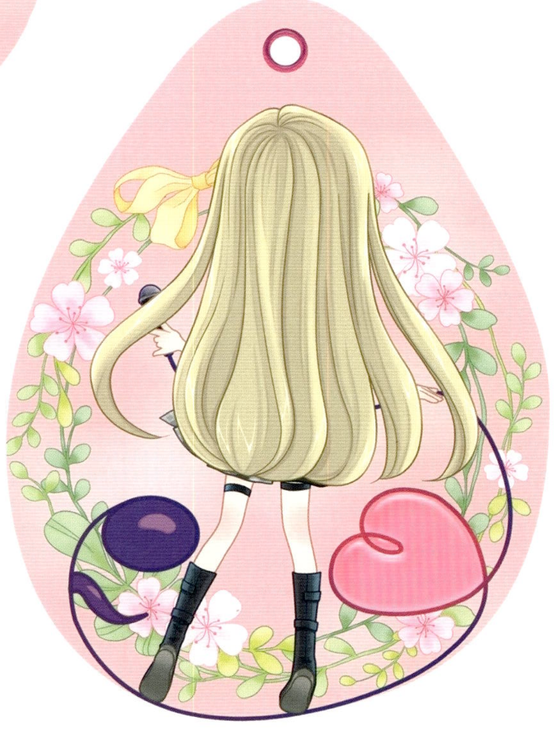

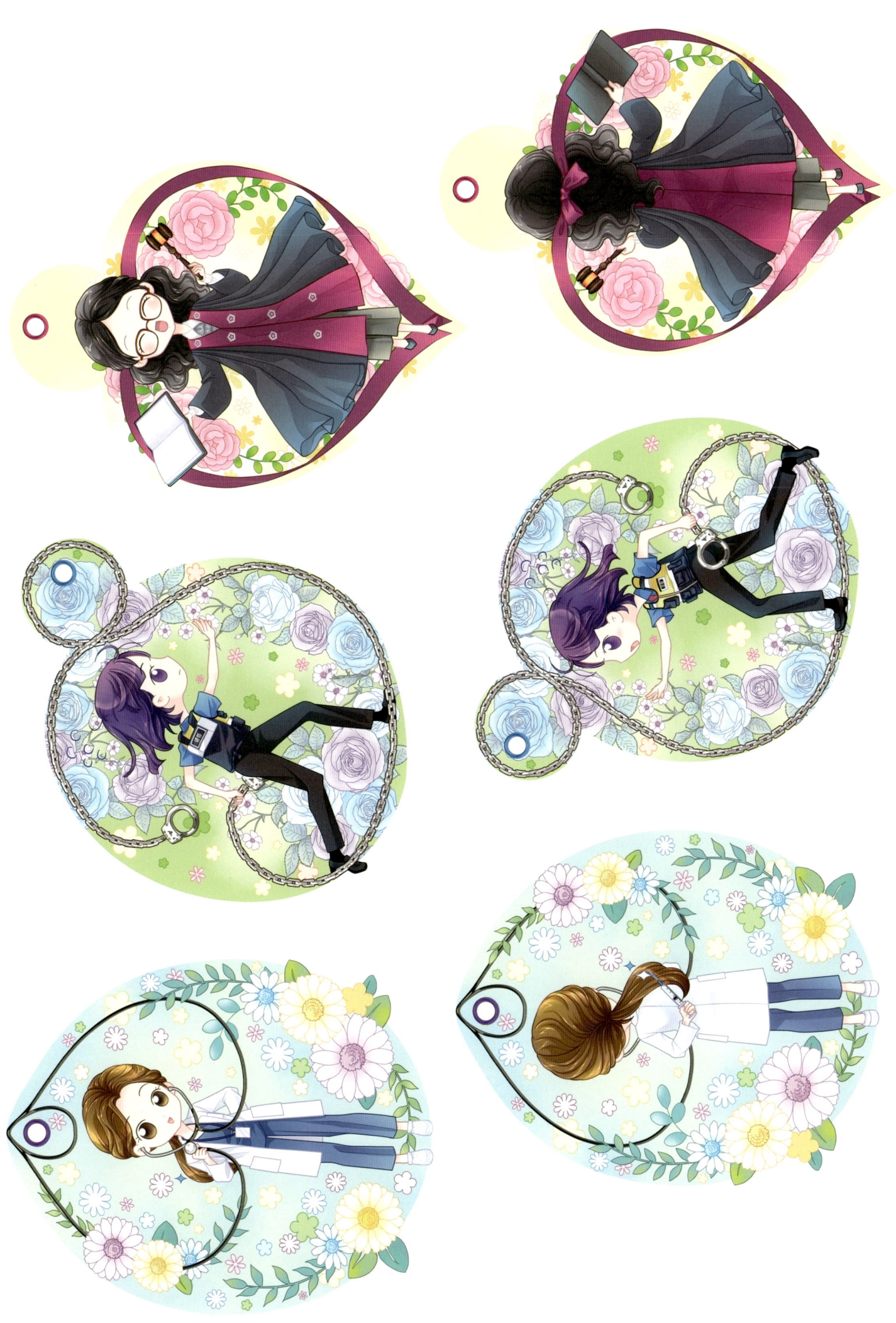